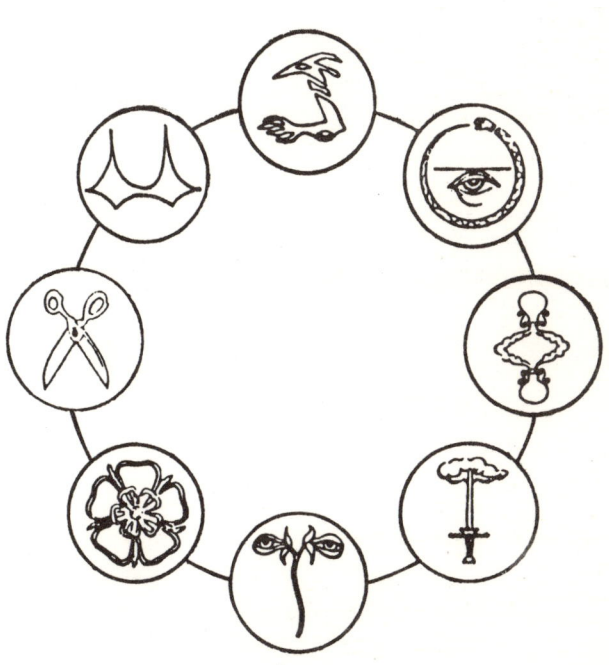

КОСТ КОСТИ
―――――――――――
OSSO A OSSO

Coleção Signos
Dirigida por Haroldo de Campos

Revisão: Aleksandar Jovanović
Planejamento Visual: Marina Mayumi Watanabe, Plinio Martins Filho e J. Guinsburg
Desenhos Utilizados na Capa e nas Vinhetas: Dušan Ristić (exceto o da vinheta "Poeta a Poeta", emblema de Brasília)
Fotos: Juan Steves (Agência Folhas)
Produção: Plinio Martins Filho e Marina Mayumi Watanabe

Reitor: José Goldemberg
Vice-Reitor: Roberto Leal Lobo e Silva Filho

Obra co-editada com a
EDITORA DA UNIVERSIDADE DE SÃO PAULO

Presidente: João Alexandre Barbosa

Comissão Editorial:

Presidente: João Alexandre Barbosa. **Membros:** Antonio Brito da Cunha, José E. Mindlin, Luiz Bernardo F. Clauzet e Oswaldo Paulo Forattini.

 Apoio Cultural da Sociedade Amigos da Iugoslávia

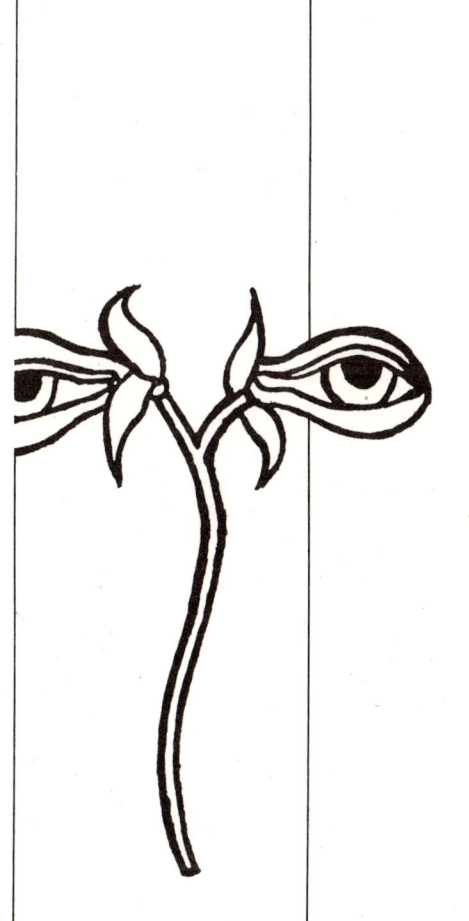

КОСТ КОСТИ
ВАСКО ПОПА

VASKO POPA
OSSO A OSSO

Tradução, Organização e Notas
de Aleksandar Jovanović

EDITORA PERSPECTIVA

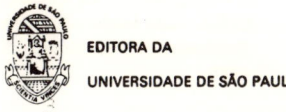
EDITORA DA
UNIVERSIDADE DE SÃO PAULO

Dados de Catalogação na Publicação (CIP) Internacional
(Câmara Brasileira do Livro, SP, Brasil)

Popa, Vasko, 1922-
  КОСТ КОСТИ / ВАСКО ПОПА = Osso a osso / Vasco Popa ; Aleksandar Jovanović (org.). — São Paulo : Perspectiva : Editora da Universidade de São Paulo, 1989. — (Signos)

Texto em português e servo-croata

Bibliografia.
ISBN 85-273-0014-1

1. Poesia iugoslava I. Jovanović, Aleksandar, 1950- II. Título: KOCT KOCTN. III. Título. Osso a osso. IV. Série.

89-1348   CDD-891.8215

Índices para catálogo sistemático:

1. Poesia : Século 20 : Literatura iugoslava 891.8215
2. Poesia servo-croata : Século 20   891.8215
3. Século 20 : Poesia : Literatura iugoslava   891.8215

Direitos em língua portuguesa reservados à
EDITORA PERSPECTIVA S.A.
Av. Brigadeiro Luís Antônio, 3025
01401 – São Paulo –SP– Brasil
Telefones: 885-8388/885-6878
1989

SUMÁRIO

A poesia intersemiótica de Vasko Popa 15
Imprólogo – Octavio Paz 25

Casca (1953)

Rol

Pato 39
Cavalo 41
Asno 43
Porco 45
Galinha 47
Dente-de-leão 49
Castanheiro 51
Trepadeira 53
Musgo 55
Cacto 57
Batata 59
Cadeira 61
Prato 63
Folha de papel 65
Quartzo 67

Recantos

No cinzeiro 61
No suspiro 73
Na mesa 75
No grito 77
No cabide 79
No esquecimento 81
Na parede 83
Na palma da mão 85
No sorriso 87

O Campo do Desassossego (1956)

Osso a Osso

No começo 93
Depois do começo 95
Sob o sol 97
Debaixo da terra 99
Sob a lua 101
Diante do final 103
No final 105

Paracéu (1968)

De *Símbolos*

   Intruso 111
De *A imitação do sol*
   O sol da meia-noite 115
De *A tília no meio do coração*
   Dragão no ventre 119
De *Anel celeste*
   O mestre das sombras 123
   Caracol estrelado 125

A Terra Ereta (1972)

De *Peregrinações*
    Peregrinações 131
    Khilándar 133

De *A fonte de Sava*
    São Sava 137
    A viagem de São Sava 139

De *O Campo dos Melros*
    O Campo dos Melros 143
    O canto do melro 145
    Batalha no Campo dos Melros 147
    Os guerreiros do Campo dos Melros 149
    A missão do melro 151

De *A torre de caveiras*
    A Torre de Caveiras 155

De *Retorno a Belgrado*
    Retorno a Belgrado 159
    Belgrado 161

Carne Viva (1975)

Na aldeia dos ancestrais 165
Até logo 167
Aula de poesia 169

A Casa no Meio do Caminho (1975)

De *Os olhos de Sútieska*
    "De nossa carne viva nasce a terra" 175
    "Sútieska troveja em nossos ossos" 177

De *Catavento*
    Fanfarra vermelha 181

Corte (1981)

Correio secreto 185

A tigela de neve nutriz 187
Educação pelo sonho 189
Crítica da poesia 191
Autogestores 193
Leitura mão adentro 195

Poeta a Poeta

Spomenik kiseoniku 200
monumento ao oxigênio 201
zdravica (malarmeovska) vasku popi 204
brinde (mallarmeano) a vasko popa – haroldo de campos 205

A POESIA INTERSEMIÓTICA DE VASKO POPA

Incorporar parte da obra de Vasko Popa ao repertório de língua portuguesa nasceu de um feliz acaso: a visita que o poeta iugoslavo fez ao Brasil, em abril de 1987. Naquela oportunidade, Haroldo de Campos — que já era amigo de Popa — tomou conhecimento de um esforço solitário, que estava sendo levado a cabo com a tradução da primeira antologia de poesia iugoslava contemporânea[1]. Do interesse e do entusiasmo nasceu um projeto: traduzir uma coletânea da obra de Popa. E nasceu uma quádrupla amizade, uma vez que Nelson Ascher — excelente conhecedor das literaturas da Europa Oriental — incorporou-se ao projeto. Decidiu-se, portanto, que cada um, na medida do possível, daria a sua contribuição para concretizar o projeto.

Assim, foi possível efetuar um verdadeiro trabalho de *laboratório textual*, em que Haroldo de Campos (com o seu talento, conhecimento e experiência que dispensam apresentações) acompanhou toda a tradução, feita do original em servo-croata, e Nelson Ascher, sempre quando pôde, ofereceu sugestões valiosas sobre a forma que os poemas tomavam em português. Como em todo trabalho criterioso de tradução, tomou-se o cuidado de cotejar o resultado com outras versões dos poemas de Popa[2].

1. *Poesia Iugoslava Contemporânea* (Sérvia). Tradução, prefácio e notas de Aleksandar Jovanović. São Paulo, Editora Meca, 1987.
2. POPA, Vasko. *Poesía*. "Imprologo" de Octavio Paz. Traducción de Juan Octavio

Para que similar empresa se viabilizasse era fundamental que houvesse concordância, de parte a parte, quanto ao arcabouço teórico que deveria orientar o trabalho de transposição dos textos do servo-croata para o português. A despeito do velho adágio italiano – *traduttore, traditore* –, partiu-se da concepção de que traduzir (sobretudo poesia) é transcrever na língua para a qual se vai verter, respeitando, ao máximo possível, o rendimento que o poeta consegue obter em sua língua nos níveis fônico, morfossintático e semântico.

Subjaz, portanto, a todo este trabalho, em que a participação de Haroldo de Campos foi decisiva, a concepção expressa por ele mesmo, há 25 anos, num texto já clássico, em termos de abertura de novos horizontes na tradução de poesia no país:

Traduzir poesia há de ser criar – re-criar –, sob pena de esterilização e petrificação, o que é pior do que a alternativa de trair[3]

Diante da impossibilidade de, em curto espaço de tempo, verter parte significativa do trabalho poético de Vasko Popa, coube-me a difícil tarefa de selecionar aquilo que fosse o mais expressivo em sua obra, respeitando, inclusive, a divisão de seus diversos livros em ciclos simétricos (no sentido matemático do termo).

Popa e a literatura em servo-croata

Inicialmente, uma observação fundamental sobre a literatura iugoslava: país plurinacional, a Iugoslávia apresenta a singularidade de possuir uma vasta literatura (sobretudo a contemporânea) em três línguas, isto é, em servo-croata, esloveno e macedônio.

Portanto, para pensar numa literatura iugoslava é necessário concebê-la como o conjunto das literaturas escritas em cada uma destas três línguas eslavas. Mais ainda: tampouco a literatura escrita

---

Prenz, México, Fondo de Cultura Económica, 1985; POPA, Vasko. *Collected Poems* (1943-1976). Translated by Ann Pennington, with an introduction by Ted Huges. New York, Persia Books, 2nd printing, 1979.

3. CAMPOS, Haroldo de. "O Texto como Produção" (Maiakóvski). In: *A Operação do Texto*, São Paulo, Perspectiva, 1976, p. 43.

em servo-croata é homogênea, porquanto ao longo dos séculos bosníacos, montenegrinos, croatas e sérvios viveram sob condições sócio-político-históricas e culturais diferentes, face à conturbada história do país. A literatura redigida em servo-croata tem de ser analisada como o conjunto das literaturas da Croácia, da Bósnia-Hertzegovina, do Montenegro e da Sérvia, cujo fio condutor é a língua comum, tradições comuns e uma literatura oral (épica e lírica) comum, e que sobreviveu até o século XIX, intacta.

Vasko Popa, nascido em 1922, em Grébenatz, na Sérvia, é um dos mais representativos poetas da Iugoslávia. Suas obras estão traduzidas para dezenove idiomas. Surgiu na literatura de seu país nos primeiros anos da década de 50. Depois do interregno marcado pela Segunda Guerra Mundial, seguiu-se um curto período (1945-1950) em que a literatura iugoslava acabou sendo marcada pelos dogmas do chamado "realismo socialista", subordinando a criação artística a forças externas, e rompendo, de diversos modos, a tradição literária anterior.

Entretanto, o cisma de 1948 entre a Iugoslávia de Tito e a concepção monolítica de socialismo reflete-se na vida do país em todas as instâncias, como era de se esperar. As primeiras coletâneas de poesias de Stévan Raítchkovitch, nascido em 1928, Miodrág Pávlovitch, nascido em 1923, e Popa abrem espaço para a construção de uma nova poética na literatura iugoslava, resultando em longas pesquisas no domínio da forma.

O aparecimento das primeiras obras desses três poetas provoca uma polarização clara na literatura em servo-croata, sobretudo na Sérvia: modernismo *x* tradicionalismo. E Vasko Popa emerge como espécie de antípoda das tradições poéticas de seu país – visto que rompe com os cânones formais –, e através do poetar formula uma nova teoria-práxis, onde coabitam as antinomias fundamentais da existência humana: vida e morte, ser e não-ser, passado e futuro, razão e desrazão, tradição e inovação, mito e história, real e irreal etc. Rompe com os cânones formais, mas mergulha nas tradições, na mitologia pagã eslava, na longa história do país, para retrabalhar muitos dos temas constantes da literatura iugoslava.

Déretitch, em sua *História da Literatura Sérvia*[4], aponta a existência de pontos convergentes entre os surrealistas iugoslavos do

---

4. DERETIĆ, Jovan. *Istorija Srpske Književnosti*. Beograd, Nolit, (1983), pp. 640 e ss.

período entre-guerras e a obra de Popa, bem como entre a poesia de Momtchílo Nastássievitch (1894-1938) e a de Popa. Observa, contudo, que os poemas do segundo não nascem como produto de um inconsciente ou de um subconsciente, e sim como fruto de um objetivo racional, expressão da consciência clássica sobre a forma. Ao mesmo tempo, sua obra poética capta as mais profundas e antigas tradições e arquétipos de seu povo e de toda a literatura em servo-croata: os significados míticos do sol, da bétula, do lobo, do álamo etc. E, de outro lado, quebra a camisa de força em que a poesia – seja no conteúdo, seja na forma – estava enclausurada.

Poeta de uma linguagem "descarnada", contida, minimalista *par excellence*, Vasko Popa parece seguir, à risca, as recomendações de Vladímir Maiakóvski em seu *Como Fazer Versos?*, já que elimina todos os sinais gráficos de pontuação, rimas tradicionais e medidas consagradas, empregando o chamado verso livre[5]. Isso, entretanto, não o impede de retomar alguns dos temas mais freqüentes da épica (oral) popular, dando-lhes um novo tratamento.

Até agora, são oito os livros publicados pelo poeta: *Casca* (*Kora*, 1953); *O Campo do Desassossego* (*Nepočin-Polje*, de 1956); *Paracéu* (*Sporedno Nebo*, 1968); *A Terra Ereta* (*Uspravna Zemlja*, 1972); *Sal Lupino* (*Vučja So*), *Carne Viva* (*Živo Meso*) e *A Casa no Meio do Caminho* (*Kuća nasred druma*), todos de 1975, e *Corte* (*Rez*, 1981).

Seu primeiro livro – *Casca* – revela, de imediato, um poeta preocupado com a forma, com a linguagem "descarnada", com textos concisos, porém ricos no tocante à exploração de todos os recursos que a língua coloca à disposição do artista, e sobretudo, um poeta capaz de poetizar temas antes raramente incorporados à poesia. Exemplos significativos são os ciclos "Recantos" e "Rol", traduzidos na presente coletânea. Já em *Campo do Desassossego*, Popa incorpora a esse universo temático a ironia construída em pinceladas rápidas e finas. O ciclo "Osso a Osso" integra seu segundo volume de poemas, bem como outros ciclos de títulos sugestivos: "Jogos", "Devolve-me os meus Trapos" e "Quartzo".

---

5. Maiakóvski afirma, textualmente: "A nossa pontuação habitual, com pontos, vírgulas, sinais de interrogação e de exclamação, é demasiado pobre, e pouco expressiva, em comparação com os matizes de emoção, que hoje em dia o homem tornado mais complexo põe numa obra poética". *In:* SCHNAIDERMAN, Bóris. *A Poética de Maiakóvski*. São Paulo, Perspectiva, 1971, p. 199.

Com *Paracéu*, Popa começa a incorporar a seu repertório alguns temas mitológicos freqüentes na literatura em servo-croata, aprimorando sua visão irônica e, ao mesmo tempo, cética da realidade. Mas, será com *Sal Lupino* que o poeta haverá de dar um verdadeiro mergulho nas tradições e mitos pagãos eslavos, dando-lhes um tratamento completamente renovado, em que combina, de maneira hábil, a modernização do mito, a destruição prenunciada pelo Futurismo e pelo Dadaísmo e a construção e o lado mágico das coisas, antes representado pelo Expressionismo e pelo Cubismo[6].

Terra Ereta, por seu turno, representa a retomada do último milênio da história da Sérvia, e simultaneamente das lendas, mitos e arquétipos presentes em toda a literatura oral épica em servo-croata: os monumentos da época da cristianização dos eslavos (marcados por ricos mosteiros medievais em que a tradição da arte bizantina foi retrabalhada pelos eslavos), o momento trágico da queda do Império da Sérvia (1389) diante da avassaladora onda otomana. São Sava (Rastko Némanhitch, 1175-1235), um dos primeiros grandes escritores da literatura iugoslava, homem de letras, conselheiro da Corte, príncipe (filho do rei Stevan Némanha); a luta contra a ocupação otomana, durante séculos a fio, a unificação das terras iugoslavas, na segunda década deste século, e a reconquista definitiva de Belgrado.

O ciclo denominado *O Campo dos Melros*, por exemplo, retoma um dos temas mais constantes de toda a literatura em servo-croata (em especial, a épica oral) e cujos heróis (alguns reais, outros fictícios) estão presentes em toda a literatura dos Bálcãs (Marko Králievitch, Milosh Obilitch, o cavalo malhado Cháratz, a fada Raviôila, Ianko Sibinhánin ou János Hunyadi etc.). O Campo dos Melros é um topônimo (Kóssovo Pólie), local da grande batalha de 28 de junho de 1389, travada entre os Impérios da Sérvia e o Otomano, com o qual finda a expansão do grande império eslavo medieval nos Bálcãs e começa um longo período de dominação turca. O desastre de Kóssovo Pólie passou para a épica popular em versos decassílabos ou versos de 16 ou 17 sílabas – conhecidos como *bugárchtitze*. Elas remontam ao século XV. Já no século XVI, Petar Hektórovitch, importante escritor renascentista da Dalmácia, redige longa obra poéti-

---

6. TELES, Gilberto Mendonça. *Vanguarda Européia e Modernismo Brasileiro*. Petrópolis, Vozes, 1973, p. 11.

ca, em que aparece menção a Marko Królievitch e à batalha do Campo dos Melros[7].

Popa retoma o que se pode denominar "sebastianismo iugoslavo" – a lamentação constante por aquilo que foi e não mais será e por aquilo que poderia ter sido e não foi –, revestindo o tema de nova forma, fazendo, por vezes, lembrar Fernando Pessoa ortônimo e a sua *Mensagem* (guardadas, evidentemente, as diferenças de estilo e contexto), e em especial o verso do poema "Ulysses":

O mytho é o nada que é o tudo[8].

Em *A Casa no Meio do Caminho*, Popa toma como *leitmotiv* temas mais recentes da história da Iugoslávia, sobretudo referentes às duas Grandes Guerras Mundiais, sempre com extremo cuidado formal. Exemplo claro é o ciclo "Os Olhos de Sútieska", em que poetiza o topônimo (rio) em cujo derredor foram travadas algumas das mais violentas e sangrentas batalhas da Resistência iugoslava, na Segunda Guerra.

Finalmente, em *Corte*, o poeta mescla poemas metalingüísticos com textos em que evidencia sua preocupação social, política e histórica. Mas, como pano de fundo de seu trabalho de criação, emerge o tempo todo uma rede de juízos metassemióticos, colocando em dúvida a própria legitimidade do código lingüístico, como diria Eco[9].

Popa intersemiótico

Poeta de linguagem "descarnada", minimalista, pesquisador da forma, Vasko Popa, contudo, é mais do que esses rótulos que, de certo modo, apenas resumem parte de seu trabalho poético. É possível apontar, de modo geral, uma técnica metonímico-cubista no poeta iugoslavo, que provoca um efeito hermético apenas ilusório. No

---

7. PEŠÍC, Radmila e MILOŠEVIĆ-DJORDJEVIĆ, Nada. *Narodna Knjiźevnost*. Beograd, Vak Karadžić, 1984, pp. 42-43.

8. PESSOA, Fernando. *Obra Poética*. Rio, Cia. José Aguilar, s/d, p. 72.

9. ECO, Humberto. *As Formas do Conteúdo*. São Paulo, Perspectiva/EDUSP, 1974, p. 77.

ciclo "Rol", de seu primeiro livro (*Casca*), Popa nos dá um excelente exemplo desta técnica no poema "Dente-de-Leão":

> Pata canina ereta
> Faz-lhe troça
> Com o aguaceiro recozido.

O poeta desconstrói o real e, metonimicamente, toma uma parte pelo todo (a pata canina pelo cão), que focaliza em *close*. Torna-se difícil, impossível talvez, compreender o trabalho do escritor iugoslavo se não se tiver em mente o fato de que ele lança mão de uma sintaxe não-verbal, tomando de empréstimo às artes plásticas e ao próprio cinema determinadas regras de sintaxe, que ele transpõe para a linguagem verbal. Assim, Popa não faz o que Jakobson chamava de tradução intersemiótica, isto é, interpretação dos signos verbais por meio de sistemas de signos não-verbais[10], mas emprega duas sintaxes, simultaneamente (às vezes, mais de duas), sendo uma verbal, outra não-verbal. Donde pode afirmar-se que realiza a *desconstrução do real* num plano intersemiótico.

É, ainda, em seu primeiro livro, no ciclo denominado "Rol", que Vasko dá exemplo dessa técnica intersemiótica, como no poema "Musgo", em que a seqüência de imagens criadas pelo poeta acompanha o trajeto de uma câmera cinematográfica:

> Sonho amarelo da ausência
> Do alto das telhas ingênuas
> Aguarda
>
> Aguarda para descer
> Sobre as pálpebras fechadas da terra
> Sobre as faces apagadas das casas
> Sobre as mãos apaziguadas das árvores
>
> Aguarda imperceptível
> Para a mobília enviuvada
>
> Abaixo no quarto
> Revestir cuidadoso
> De uma capa amarela

A série de imagens "desce" do alto "das telhas ingênuas" até o quarto, de tal modo que o poeta localiza a perspectiva inicial no alto

---

10. JAKOBSON, Roman. "Aspectos Lingüísticos da Tradução". In: *Lingüística e Comunicação*, São Paulo, Cultrix, 1971, p. 65.

e toda a seqüência textual acompanha o trajeto do musgo até o quarto, que se situa abaixo.

Um pequeno roteiro do laboratório textual

Tendo como pano de fundo a concepção de que ao traduzir poesia é necessário *transcriar*, respeitando, sempre que possível, o rendimento obtido pelo poeta, o trabalho de *laboratório textual* esbarrou em dificuldades de toda espécie, *e.g.*, tanto no plano da expressão, quanto no plano do conteúdo. Popa, como vimos, é um poeta de características construtivistas, que pesquisa e trabalha a forma, mas a linguagem que utiliza quase sempre é coloquial, bastante próxima da fala cotidiana.

No plano da expressão, o poeta iugoslavo joga sempre com as relações expressão/conteúdo, tirando proveito de aliterações, assonâncias, consonâncias, rimas internas irregulares, coliterações e contrapontos de vogais e consoantes. Exemplo disso é o poema "No Suspiro", do ciclo "Recantos", de seu primeiro livro, *Casca*:

> *Drumovina iz dubine duše*
> *Drumovima modrim*
> *Korov putuje*
> *Drumovi se gube*
> *Ispod stopala.*

Na primeira estrofe, Popa recorre a assonâncias em *d(r)* e constrói o poema num esquema de contrapontos entre as vogais *u/o*, além das aliterações que obtém nos primeiro e segundo versos em *im(a)*. Esquema simétrico foi conseguido, em português, com as aliterações em *s* e o contraponto realizado com as vogais *a/e*:

> Pelas estradas da profundeza da alma
> Pelas estradas azul-celeste
> A erva-daninha viaja
> As estradas se perdem
> Sob os pés.

No mesmo poema, na última estrofe, há um verdadeiro jogo de consonância em *gl/dl* e rimas internas irregulares em *e*, na seqüência *dlanove, glatke, glatke, sive*.

Zagledan
U dlanove svoje glatke
Glatke i sive

Em português, foi preciso recorrer às aliterações em *s*, à quase-rima interna em *ão* (dimensão/mãos) e à retomada de um contraponto vocálico em *cinzalisas*, para reproduzir as relações conteúdo/expressão produzidas pelo poeta:

A dimensão triunfa
Encantada pelas palmas de suas mãos lisas
Cinzalisas.

Já em "Trepadeira" (do ciclo "Rol"), o sexto verso traz uma construção habilidosa, no original, em que o poeta iugoslavo emprega dois homófonos — um no nominativo, outro no dativo —, de tal modo que consegue a reduplicação de uma seqüência inteira de fonemas com *svoj/svojoj* e, ainda, a reduplicação final da seqüência *oj* em *svojoj*:

U svoj svojoj lepoti.

Isso deu em português:

Vórtice envolto em sua beleza.

onde fica evidente a relação de oposição entre as nasais de "*en*volto *em*" e as demais vogais orais, bem como as consonâncias de vórtice/envolto.

Nem a tradução inglesa, nem a espanhola levaram tal fato em consideração, marginalizando o rendimento obtido por Popa e coroado pela harmonia vocálica dos *oo* fechados de todo o verso.

No último poema do ciclo "Osso a Osso" (Kost Kosti), do livro *O Campo do Desassossego*, intitulado "No Final", o poeta emprega, habilmente, um verbo derivado de um substantivo (onomatopáico) anterior, a fim de obter a duplicação da seqüência *kuku*rem

Kukuriče iz nas kukurek

A única maneira de buscar uma aproximação que, ao mesmo tempo, se mantivesse fiel nos planos da expressão e do conteúdo, foi recorrer à oposição canto/canta, de modo a permitir a predominância de vogais nasais em todo o verso:

O canto do galo canta em nós[12].

---

12. Nomes próprios e topônimos foram transliterados em português, adotando-se critérios que permitam ao leitor reconstruir a pronúncia aproximada. Na citação de bibliografia e de trechos de poemas de Vasko Popa, em função de dificuldades decorrentes de razões técnicas, utilizou-se o alfabeto latino, com diacríticos. Na Iugoslávia, tanto o alfabeto latino, com diacríticos, quanto o cirílico (em que estão impressas todas as poesias, adiante) são oficiais.

IMPRÓLOGO

Imprólogo

Me han pedido un prólogo.
Corto, me dijeron, pocas palabras
pero que abran lejanías.
Una perspectiva más que una escenografía.
Al fondo, entre las contumaces confusiones
— breñas conceptuales, paradojas, espinas —,
al pie de un farallón tatuado
por la paciencia de las estaciones:
Vasko Popa,
              cazador de reflejos errantes.

Me siento y comienzo mi prosa
una, dos, tres, cuatro, cien veces.
Entre mi cabeza y la pluma,
entre la pluma y esta página,
se interpone siempre la misma escena:
un atardecer de piel translúcida
y bajo el farallón que rompe el viento:
Vasko.
       El sol poniente baila
sobre la mira de su infalible escopeta.
No hay nadie a la vista

Imprólogo

Pediram-me um prólogo.
Curto, disseram-me, poucas palavras
mas que abram lonjuras.
Mais perspectivas que cenografia.
No fundo, entre as contumazes confusões
– brenhas conceituais, paradoxos, espinhos –,
ao pé de um penedo tatuado
pela paciência das estações:
Vasko Popa,
          caçador de reflexos errantes.

Sento-me e começo minha prosa
uma, duas, três, quatro, cem vezes.
Entre minha cabeça e a pena
entre a pena e esta página,
interpõe-se sempre a mesma cena:
um entardecer de pele translúcida
e sob o penedo que rasga o vento:
Vasko.
      O sol poente baila
sobre a mira de sua infalível escopeta.
Não há ninguém a vista

pero Vasko empuña el arma y dispara.
Cada disparo inventa un blanco,
ideas que, apenas tocadas,
vuelan como exclamaciones.

Anoto para mi prólogo:
la escopeta de Vasko no mata,
es dadora de imágenes.
Y mientras escribo estas palabras
un humo acre cubre mi escritura.
Hay una danza de chispas entre las letras,
una fuga de vocales en fuego,
un confuso rumor de consonantes
corriendo sobre cenizas calcinadas,
¡arde el extremo norte de la página!

Me repliego hacia el sur.
Pero allá, en los márgenes blancos,
llueve, interminablemente llueve.
Cielo hidrópico, truenos y puñetazos.
Sordo redoble:
         sobre el tambor terrestre,
rajado por el rayo, baila el chubasco.
Esto que escribo ya es un pantano.
De pronto, un sol violento rompe entre nubes.

Súbito escampado:
         un llano hirsuto,
tres peñascos lampiños, marismas,
circo de la malaria:
lianas, fantasmas, fiebres, púas,
una vegetación rencorosa y armada
en marcha el asalto de la página.

Muerte por agua o muerte por llama:
la prosa o se quema o se ahoga.
Desisto.
     No un prólogo,
tú mereces un poema épico,

mas Vasko empunha a arma e dispara.
Cada disparo inventa um alvo,
idéias que, apenas tocadas,
voam como exclamações.

Anoto para meu prólogo:
a escopeta de Vasko não mata,
é doadora de imagens.
E enquanto escrevo estas palavras
um fumo acre cobre minha escritura.
Há uma dança de chispas entre as letras,
uma fuga de vogais em fogo,
um confuso rumor de consoantes
correndo sobre cinzas calcinadas:
arde o extremo norte da página!

Bato em retirada para o sul.
Porém ali, nas margens brancas,
chove, interminavelmente chove.
Céu hidrópico, trovões, socos.
Surdo rebate:
               sobre o tambor terrestre,
rachado pelo raio, baila o aguaceiro.
Isto que escrevo já é um pântano.
De pronto, um sol violento rompe entre nuvens.

Súbito escampado:
               uma planície hirsuta,
três penhascos imberbes, marismas,
círculo da malária:
lianas, fantasmas, febres, puas,
uma vegetação rancorosa e armada
em marcha para o assalto da página.

Morte pela água ou morte pelo fogo:
a prosa ou se queima ou se afoga.
Desisto.
      Não um prólogo,
mereces um poema épico,

una novela de aventuras por entregas.
Digan lo que digan los críticos
no te pareces a Kafka el dispéptico
ni al anémico Becket.
Vienes del poema de Ariosto,
sales de un cuento grotesco de Ramón.
Eres una conseja contada por una abuela,
una inscripción sobre una piedra caída,
un dibujo y un nombre sobre una pared.

Eres el lobo que guerreó mil años
y ahora lleva a la luna de la mano
por el corredor sin fin del invierno
hasta la plaza de mayo:
                      ya floreció el peral
y a su sombra los hombres beben en rueda
un licor de sol destilado.

El viento se detiene para oírlos
y repite ese son por las colinas.
Mientras tanto te has fugado con la luna.

Eres lobo y eres niño y tienes cien años.
Tu risa celebra al mundo y dice Sí
a todo lo que nace, crece y muere.
Tu risa reconforta a los muertos.

Eres jardinero y cortas la *flor de niebla*
que nace en la memoria de la vieja
y la conviertes en el clavel de llamas
que se ha puesto en el seno la muchacha.

Eres minero – *has bajado allá abajo,*
dices – y tu sonrisa pone pensativa
a la vehemente primavera.

Eres mecánico electricista
y lo mismo iluminas una conciencia
que calientas los huesos del invierno.

um romance de aventuras seriado.
Digam o que quiserem os críticos
não te pareces com Kafka o dispéptico
nem com o anêmico Becket.
Vens do poema de Ariosto,
sais de um conto grotesco de Ramón.
És uma estória contada por uma avó,
uma inscrição sobre uma pedra tombada,
um desenho e um nome sobre uma parede.

És o lobo que guerreou mil anos
e leva agora a lua pela mão
pelo corredor sem fim do inverno
até a praça de maio:
                    já floresceu a pereira
e à sua sombra os homens bebem em roda
um licor de sol destilado.

O vento detém-se para ouvi-los
e repete esse som pelas colinas.
No entretanto fugiste com a lua.

És lobo e és menino e tens cem anos.
Teu riso celebra o mundo e diz Sim
a tudo que nasce, cresce e morre.
Teu riso reconforta os mortos.

És jardineiro e cortas a *flor de névoa*
que nasce na memória da velha
e a convertes no cravo de chamas
que a menina pôs no seio.

És minerador – *descestes até o fundo*,
dizes – e teu sorriso torna pensativa
a veemente primavera.

És mecânico eletricista
e tanto iluminas uma consciência
quanto aqueces os ossos do inverno.

Eres alfarero y eres capintero,
tus vasijas cantan y nos dan de beber,
tus escaleras sirven para subir y bajar
en el interior de nosotros mismos,
tus mesas, sillas, camas
para conversar, comer, descansar,
para viajar sin movernos,
para amar y morir con entereza.

En mitad de esta página me planto
y digo: Vasko Popa.
Me responde un géiser de soles.

Octavio Paz

(México, 17 de março de 1985)

És ceramista e és carpinteiro,
tuas vasilhas cantam e dão-nos de beber,
tuas escadas servem para subir e descer
no interior de nós mesmos,
tuas mesas, cadeiras, camas
para conversar, comer, descansar,
para viajar sem nos movermos,
para amar e morrer integramente.

No meio desta página me planto
e digo: Vasko Popa.
Responde-me um gêiser de sóis.

Tradução: Nelson Ascher

(Da edição mexicana das poesias de Vasko Popa, indicada na nota 2 do ensaio introdutório.)

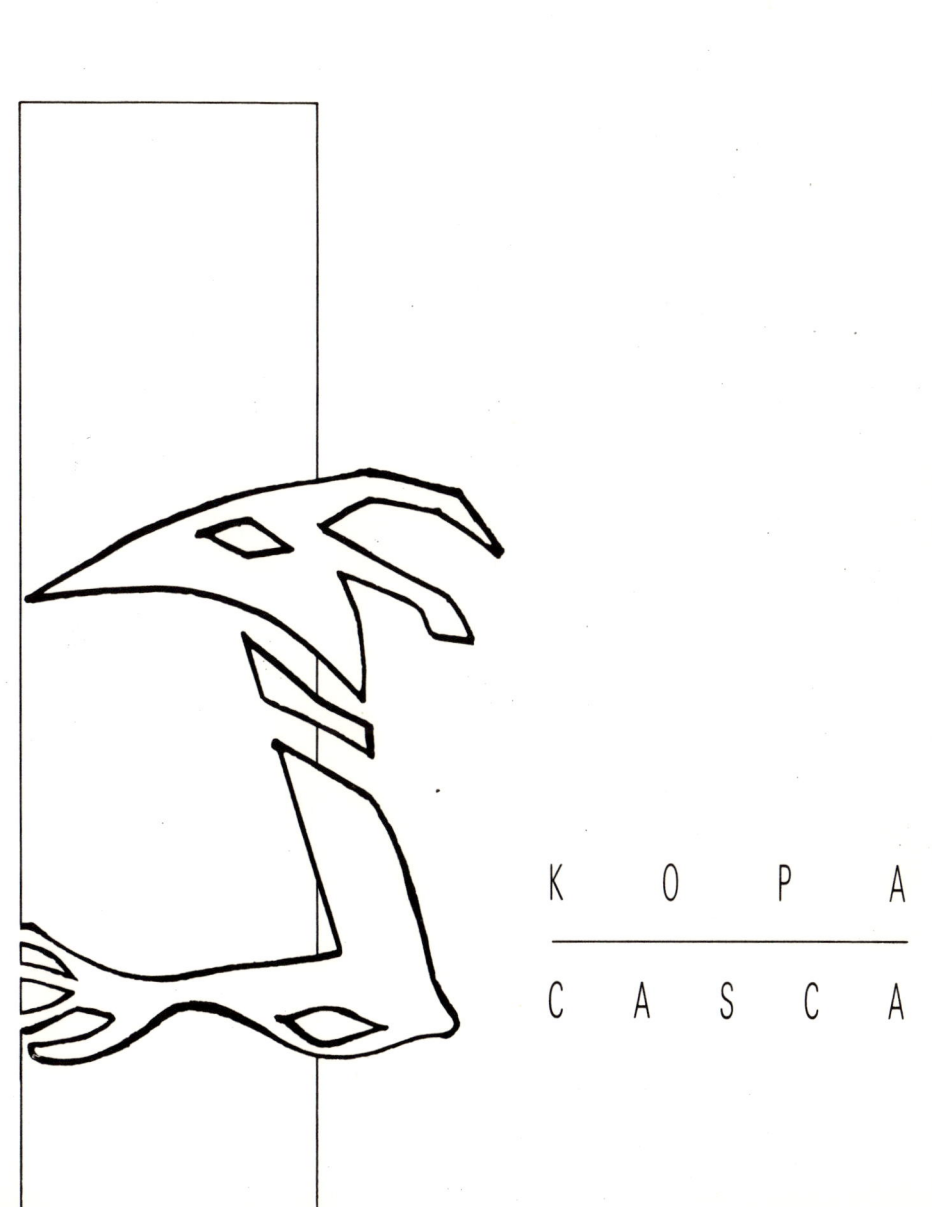

ROL

ПАТКА

Гега се прашином
У којој се не смеју рибе
У боковима својим носи
Немир вода

Неспретна
Гега се полако
Трска која мисли
Ионако ће је стићи

Никада
Никада неће умети
Да хода
Као што је умела
Огледала да оре

PATO

Arrasta-se pela poeira
Em que os peixes não riem
Carrega em seus flancos
Inquietude-águas

Desajeitado
Devagar
Arrasta-se
O caniço pensante
Há de alcançá-lo
Mesmo

Nunca
Nunca ousará
Caminhar
Assim como ousou
Arar espelhos

КОЊ

Обично
Осам ногу има

Између вилица
Човек му се настанио
Са своје четири стране света
Тада је губицу раскрвавио
Хтео је
Да пригризе ту стабљику кукуруза
Давно је то било

У очима лепим
Туга му се затворила
У круг
Јер друм краја нема
А целу земљу треба
За собом вући

CAVALO

Habitualmente
Tem oito patas

Entre os seus maxilares
Instalou-se o homem
De seus quatro cantos do mundo
Então
Ensangüentou o focinho
Desejou
Morder aquela haste de milho
Isso foi há muito tempo

Em seus belos olhos
A tristeza fechou-se
Em círculo
Pois o caminho não tem fim
E ele deve arrastar a terra
Toda atrás de si

МАГАРАЦ

Понекад њаче
Окупа се у прашини
Понекад
Онда га приметиш

Иначе
Видиш му само уши
На глави планете
А њега нема

ASNO

Por vezes zurra
Banha-se na poeira
Por vezes
Então você o percebe

De outra maneira
Você só vê orelhas
Emergindo da cabeça
E ele não é

СВИЊА

Тек када је чула
Бесни нож у грлу
Црвена завеса
Објаснила јој игру
И било јој је жао
Што се истргла
Из наручја каљуге
И што је вечером с поља
Тако радосно јурила
Јурила капији жутој

PORCO

Só quando ouviu
A faca furiosa na garganta
A cortina vermelha
Explicou-lhe o jogo
E ele lamentou
Ter-se desprendido
Dos braços do lamaçal
E à noite do campo
Tão alegre ter corrido
Corrido para o portão amarelo

КОКОШКА

Верује
Само веселом пијуку
Својих жутих сећања

Нестане
Пред снежним гранама
Што се за њом пружају

Пресахне
Испод гладних језера
Што над њом круже

Одскочи
Од своје крваве главе
Која је у ноћ гњура

Одскочи
На легало да узлети

GALINHA

Crê
Somente no pipilar alegre
Das lembranças amarelas

Desaparece
Diante dos galhos nevados
Que se estendem atrás dela

Resseca
Sob os lagos famintos
Que acima dela circulam

Salta
Da cabeça que sangra
E a merguiha na noite

Salta
Sobre o poleiro para alçar vôo

МАСЛАЧАК

На ивици плочника
На крају света
Жуто око самоће

Слепа стопала
Сабијају му врат
У камени трбух

Подземни лактови
Терају му корење
У црницу неба

Дигнута псећа нога
Руга му се
Прекуваним пљуском

Обрадује га једино
Бескућни поглед шетача
Који му у круници
Преноћи

И тако
Догорева пикавац
На доњој усни немоћи
На крају света

DENTE-DE-LEÃO

Na beira do passeio
No fim do mundo
Olho amarelo da solidão

Cegos pés
Apertam-lhe o pescoço
No abdômen de pedra

Cotovelos subterrâneos
Empurram suas raízes
Para o húmus do céu

Pata canina ereta
Faz-lhe troça
Com o aguaceiro recozido

Contenta-o apenas
O olhar sem dono do passante
Que em sua coroa
Pernoita

E assim
A ponta de cigarro vai queimando
No lábio inferior da impotência
No fim do mundo

КЕСТЕН

Улица му пропије
Све зелене новчанице
Пиштаљке звонцад и трубе
У крошњи му гнезда свијају
Пролеће му прсте креше

Живи од пустоловина
Својих недостижних корена
И од дивних успомена
На изненадне ноћи
Кад нестане из улице

Ко зна куда иде

У шуми би се изгубио
Али се увек пред зору
У дрворед на своје место врати

CASTANHEIRO

A rua esbanja
Todas as suas cédulas verdes
Apitos sinos e trombetas
Tecem ninhos em sua copa
A primavera aguça-lhe os dedos

Vive de aventuras
Das inatingíveis raízes
E de belas memórias
Das noites-surpresa
Quando some da rua

Quem sabe aonde vai

Se perderia na floresta
Mas sempre na aurora
Retoma seu lugar na fila de árvores

ПУЗАВИЦА

Најнежнија кћи
Зеленог подземног сунца
Побегла би
Из беле браде зида
Усправила се насред трга
У свој својој лепоти
Змијском својом игром
Вихоре занела
Али јој плећати ваздух
Руке не пружа

TREPADEIRA

Filha mais doce
Do verde sol subterrâneo
Fugiria
Da barba branca da parede
Se ergueria em plena praça
Vórtice envolto em sua beleza
Com sua dança-de-serpente
Fascinaria tempestades
Mas o ar de amplas espáduas
Não lhe estende as mãos

МАХОВИНА

Жути сан одсутности
Са наивних црепова
Чека

Чека да се спусти
На склопљене очне капке земље
На угашена лица кућа
На смирене руке дрвећа

Чека неприметно
Да на обудовљени намештај под собом
Пажљиво навуче
Навлаку жуту

MUSGO

Sonho amarelo da ausência
Do alto das telhas ingênuas
Aguarda

Aguarda para descer
Sobre as pálpebras fechadas da terra
Sobre as faces apagadas das casas
Sobre as mãos apaziguadas das árvores

Aguarda imperceptível
Para a mobília enviuvada
Abaixo no quarto
Revestir cuidadoso
De uma capa amarela

КАКТУС

Боде
Румени облак длана
И киша лаже

Боде ужарене језике
Мазги и сунца
И небо ножевима љуби

Сенку своју не удаје
И ветар лепотом даљина вара

Боде податна бедра
Искусних ноћи и невиних таласа
Смех свој зелени не жени
И ваздух уједа

Стена која га је родила
Има право
Боде боде боде

CACTO

Espeta
Nuvem rubra da palma da mão
E a chuva mente

Espeta línguas ardentes
Dos jumentos e o sol
E o céu beija com facas

Sombra que nunca se casa
E trai o vento com a beleza das distâncias

Espeta as coxas flexíveis
Das noites sábias e das ondas ingênuas
Riso verde que nunca se casa
E remorde o ar

A pedra que o gerou
Está certa
Espeta espeta espeta

КРОМПИР

Загонетно мрко
Лице земље

Поноћним прстима
Језик вечног поднева
Говори

У зимници успомена
Изненадним свитањима
Проклија

Све то зато
Што му у срцу
Сунце спава

BATATA

Escura misteriosa
Face da terra

Com dedos de meia-noite
A língua do sempre-meio-dia
Fala

Lembrança invernal
Com súbitas alvoradas
Lança brotos

Tudo porque
No seu coração
Dorme o sol

СТОЛИЦА

Умор лутајућих брегова
Дао је облик свој
Телу њеном сањивом

Вечно је на ногама

Како би се радо
Сјурила низ степенице
Или заиграла
На месечини темена
Или просто села
Села на туђе облине умора
Да се одмори

CADEIRA

O cansaço de montes errantes
Doou seu formato
A um corpo sonolento

Para sempre de pé

Como desceria
Alegre escada abaixo
Como dançaria
Sob o luar
Fazendo vênias
Ou apenas sentaria
Assentaria nas saliências alheias do cansaço
Para descansar

ТАЊИР

Зев слободних уста
Над видиком глади
Под слепом мрљом ситости

Месечарски зев
Усред зубате плиме
И сањиве осеке

Презриви порцулански зев

У златном кругу досаде
Стрпљиво очекује
Неминовни ковитлац

PRATO

Bocejo de lábios livres
Sobre o horizonte da fome
Sob a cega migalha da fartura

Bocejo de lua insone
Em meio à inundação dentada
E à sonolenta vazante

Altivo bocejo de porcelana

No círculo dourado do tédio
Aguarda paciente
O vórtice inevitável

ХАРТИЈЕ

Аурелу Гаврилову

Дуж плодних плочника
Гађење скупља
Преживеле осмехе
Силованих предмета

На благим падинама ветра
Хвата
Чисте летове
Без одласка и повратка

Испод већа годишњих доба
Кида
Једино лишће
Верно гранама одсутним

Узалуд

FOLHAS DE PAPEL

Para Aurel Gavrilov

Ao longo de calçadas férteis
Recolhe o enjôo
Risos sobreviventes
De objetos violentados

Nas suaves encostas do vento
Agarra
Límpidos vôos .
Sem partidas nem regressos

Sob o arco das sobrancelhas
Das estações do ano
Arranca
A única folha
Fiel a ramos ausentes

БЕЛУТАК

Душану Радићу

Без главе без удова
Јавља се
Узбудљивим damarom случаја
Миче се
Бестидним ходом времена
Све држи
У свом страсном
Унутрашњем загрљају

Бео гладак недужан труп
Смеши се обрвом месеца

(1951)

QUARTZO

Para Dúshan Ráditch

Sem cabeças sem membros
Aparece
Com o emocionado pulso das ocasiões
Move-se
Com o passo atrevido dos tempos
Tudo cinge
Em seu terrível
Interno abraço

Tronco liso branco exato
Sorri com a sobrancelha da lua

RECANTOS

У ПЕПЕЉАРИ

Мајушно сунце
Са жутом косом од дувана
Гаси се у пепељари

Крв јевтиног ружа доји
Мртве трупце чикова

Обезглављена дрвца чезну
За крунама од сумпора

Зеленци од пепела њиште
Заустављени у пропњу

Огромна рука
Са жарким оком насред длана
Вреба на видику

NO CINZEIRO

Um sol miúdo
De cabelos amarelos de fumo
Apaga-se no cinzeiro

O sangue de um batom barato amamenta
Os corpos mortos das pontas de cigarro

Palitos descabeçados desejam
Coroas de enxofre

Profundezas de cinzas relincham
Freadas sobre as patas traseiras

Mão enorme
De olho ardente no meio da palma
Espreita no horizonte

У УЗДАХУ

Друмовима из дубине душе
Друмовима модрим
Коров путује
Друмови се губе
Испод стопала

Усеве трудне
Ројеви ексера силују
Њиве су нестале
Са поља

Невидљиве усне
Збрисале су поље

Простор ликује
Загледан
У дланове своје глатке
Глатке и сиве

NO SUSPIRO

Pelas estradas da profundeza da alma
Pelas estradas azul-celeste
A erva-daninha viaja
As estradas se perdem
Sob os pés

Enxames de pregos violentam
As plantações cansadas
As lavouras desaparecem
Do campo

Lábios invisíveis
Apagaram o campo

A dimensão triunfa
Encantada pelas palmas de suas mãos lisas
Cinzalisas

НА СТОЛУ

Стољак се шири
У недоглед

Сабласна
Сенка чачкалице следи
Крваве трагове чаша

Сунце облачи коске
У ново златно месо

Пегава
Ситост вере се
Уз вратоломне мрве

Крунице дремежа
Белу су кору пробиле

NA MESA

A toalha se estende
No infinito

Fantástica
Sombra do palito segue
Os rastros sangrentos dos copos

O sol veste os ossos
Com nova carne dourada

Sardenta
Saciedade corteja
A migalha-despenhadeiro

As cotovias do cochilo
Perfuraram a casca branca

У ЈАУКУ

Високо је сукнуо пламен
Из провалије у месу

Под земљом
Немоћни лепет крила
И слепо гребање шапа

На земљи ништа

Под облацима
Нејаке лампице шкрга
И немушто запомагање алги

NO GRITO

A labareda se ergue alto
De dentro do rombo na carne

Sob a terra
Impotente bater de asas
E cego arranhar de patas

Nada sobre a terra

Sob as nuvens
Tênues lâmpadas de brânquia
E inarticulado apelo de algas

НА ЧИВИЛУКУ

Оковратници су прегризли
Вратове обешених празнина

Задње мисли се легу
У топлим шеширима

Прсти сутона вире
Из обудовљених рукава

Зелена страва ниче
У питомим наборима

NO CABIDE

Golas mordiscaram
Os vazios-pescoço dependurados

Últimos pensamentos depositam-se
Nos chapéus quentes

Dedos do anoitecer espreitam
De dentro das mangas-viuvez

Um terror verde brota
Nas rugas-mansidão

У ЗАБОРАВУ

Из далеке таме
Исплазила се равница
Незадржива равница

Разливени догађаји
Расуте увеле речи
Изравнана лица

Овде онде
Понека рука од дима

Уздаси без весала
Мисли без крила
Бескућни погледи

Овде онде
Понеки цвет од магле

Раседлане сенке
Све тише копају
Врели пепео смеха

NO ESQUECIMENTO

De dentro da escuridão distante
A planície empalidece
Planície irrefreável

Acontecimentos derramados
Murchas palavras esparramadas
Faces aplanadas

Aqui ali
Esparsa mão de fumaça

Suspiros sem remo
Pensamentos sem asas
Olhares sem casa

Aqui e ali
Esparsa flor de névoa

Sombras sem seladura
Escavam mais e mais silentes
A cinza fervente do riso

НА ЗИДУ

Давно окопнела
Прва белина

Боре времена
Набујале
На издашном парлогу

Поље непољубљено

Докони облици
Прерушени
У руно изненађења

Игра неиграна

Стоглава сувишност
На вечитој паши

NA PAREDE

Há muito sumiu
A primeira brancura

As rugas do tempo
Transbordam
Sobre o fértil baldio

Campo desamado

Figuras vazias
Revestidas
De supresa-lã

Jogo desjogado

Fartura centopéica
Sobre a eterna pastagem

НА ДЛАНУ

На живоме песку
Неме раскрснице
У недоумици

На свакој раскрсници
Радознао поглед
У станац камен претворен

Пустиња румена

Али све што у њу доспе
Смислом пропупи
Надом процвета

Пролеће изузетно
Или благодатна опсена

NA PALMA DA MÃO

Sobre a areia viva
Transtorno
De encruzilhadas mudas

Em cada encruzilhada
Olhar-pergunta
Converge em pedra dura

Deserto rubro

Mas tudo o que ali chega
Brota em sentido
Floresce esperança

Vera primavera
Ou abençoada magia

У ОСМЕХУ

У углу усана
Појавио се златан зрак

Таласи сањаре
У шипражју пламенова

Плавооке даљине
Савиле се у клупче

Подне мирно сазрева
У самом срцу поноћи

Громови питоми зује
На влатима тишине

(1951)

NO SORRISO

No canto dos lábios
Desponta o raio dourado

Ondas devaneiam
No arbusto das labaredas

Distâncias olhiazuis
Vergaram-se em montes

Meio-dia calmo amadurece
No coração da meia-noite

Mansos trovões ribombam
Sobre os troncos do silêncio

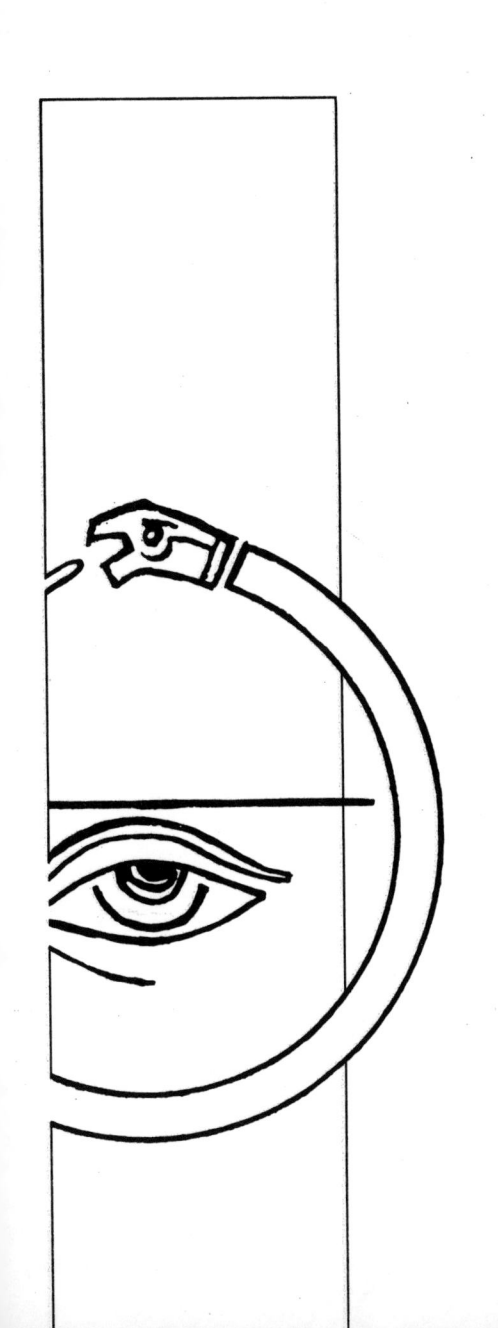

НЕПОЧИН–ПОЉЕ
─────────────────
O CAMPO DO
DESASSOSSEGO

OSSO A OSSO

НА ПОЧЕТКУ

Сад нам је лако
Спасле смо се меса

Сад ћемо шта ћемо
Кажи нешто

Хоћеш ли да будеш
Кичма муње

Кажи још нешто

Шта да ти кажем
Карлична кост олује

Кажи нешто друго

Ништа друго не знам
Ребра небеса

Нисмо ми ничије кости
Кажи нешто треће

NO COMEÇO

Agora ficou fácil
Salvamo-nos da carne

O que faremos agora
Diz algo

Talvez queiras ser
A espinha do raio

Diz algo mais

O que direi
O osso pélvico da tempestade

Diz outra coisa

Nada mais sei
Costela celeste

Não somos os ossos de ninguém
Diz uma terceira coisa

ПОСЛЕ ПОЧЕТКА

Шта ћемо сад

Стварно шта ћемо
Сад ћемо вечерати срж

Срж смо за ручак појеле
Сад шупљина у мени занавета

Онда ћемо свирати
Ми волимо свирку

Шта ћемо кад пси наиђу
Они воле кости

Онда ћемо им застати у грлу
И уживати

DEPOIS DO COMEÇO

O que faremos agora

Realmente o que faremos
Agora jantaremos a medula

Comemos a medula no almoço
Agora o oco dói em mim

Pois toquemos música
Gostamos de música

O que faremos quando os cães vierem
Eles gostam de ossos

Entalaremos em suas gargantas
E gozaremos

НА СУНЦУ

Дивно је то сунчати се нага
Ја никад нисам марила месо

Ни мене нису те крпе завеле
Лудим за тобом овако нагом

Не дај сунце да те милује
Боље да се волимо нас две

Само не овде само не на сунцу
Овде се све види кошчице драга

SOB O SOL

É maravilhoso tomar sol nu
Nunca liguei para a carne

Esses trapos tampouco me envolveram
Enlouqueço por ti assim nu

Não deixes que o sol te acaricie
É melhor que nós nos amemos

Não aqui não aqui sob o sol
Aqui tudo se vê osso querido

ПОД ЗЕМЉОМ

Мишић таме мишић меса
На исто ти се хвата

Па шта ћемо сад

Зваћемо све кости свих времена
Попећемо се на сунце

Шта ћемо онда

Онда ћемо расти чисте
Расти даље како нам је воља

Шта ћемо после

Ништа ићи ћемо тамо амо
Бићемо вечна коштана бића

Причекај само земља да зевне

DEBAIXO DA TERRA

Músculo da treva músculo da carne
Isso dá no mesmo

E o que faremos agora

Convocaremos os ossos de todos os tempos
Subiremos até o sol

E então o que faremos

Cresceremos então limpos
Continuaremos crescendo à vontade

O que faremos depois

Nada um vagar de cá para lá
Seremos um eterno ser ósseo

Espera só o bocejo da terra

НА МЕСЕЧИНИ

Шта је то сад
Ко да се месо неко снежно месо
На мени хвата

Не знам шта је
И кроз мене ко да тече срж
Нека хладна срж

Не знам ни ја
Ко да поново све почиње
Неким страшнијим почетком

Знаш ли шта
Умеш ли ти да лајеш

SOB A LUA

O que é isso agora
É como se uma carne uma carne de neve
Me envolvesse

Não sei o que é
É como se essa medula me varasse
Essa medula gelada

Nem eu sei
Como se tudo recomeçasse
Com um começo mais terrível

Sabes o quê?
Será que ousas ladrar

ПРЕД КРАЈ

Куда ћемо сад

Куда бисмо никуда
Куда би две кости иначе

Шта ћемо тамо

Тамо нас већ одавно
Тамо нас жељно чека
Нико и жена му ништа

Шта ћемо им ми

Остарили су без кости су
Бићемо им ко рођене ћерке

DIANTE DO FINAL

Onde iremos agora

Onde a lugar algum
Onde poderiam ir dois ossos

O que faremos lá

Lá nos de há muito
Lá nos espera ansioso
Nada e sua mulher nada

De que lhes servimos nós

Envelheceram desossados
Seremos para eles como filhos

НА КРАЈУ

Кост ја кост ти
Зашто си ме прогутала
Не видим се више

Шта је теби
Прогутала си ти мене
Не видим ни ја себе

Где сам ја сад

Сад се више не зна
Ни ко је где ни ко је ко
Све је ружан сан прашине

Чујеш ли ме

Чујем и тебе и себе
Кукуриче из нас кукурек

(1956)

NO FINAL

Osso eu osso tu
Por que me engoliste
Não me vejo mais

O que tens
Tu é que me engoliste
Não me vejo a mim também

Onde estou agora

Agora não se sabe
Quem está onde quem é quem
Tudo é sonho horrível da poeira

Será que me ouves

Ouço a ti e a mim
O canto do galo canta em nós

СПОРЕДНО НЕБО
―――――――――――
P A R A C É U

DE SÍMBOLOS

УЉЕЗ

Кап крви у углу неба

Да нису звезде опет почеле
Да деле плавет да се ујдају
Или да се љубе

За сунчевим округлим столом
Не говори се ништа о томе

Ломи се само огњени хлеб
Чаше светлости иду од руке до руке
И мртве звезде сопствене зглобове
                                                  глођу

Шта тражи кап крви у углу неба
У томе ћоравом углу неба

INTRUSO

Gota de sangue no canto do céu

Recomeçam ou não as estrelas
A cindir o firmamento para morder-se
Ou para amar-se

Nada se fala sobre isso
À mesa-redonda do sol

Quebra-se apenas o pão de fogo
Copos de luz passam de mão em mão
E estrelas mortas devoram as próprias juntas

O que procura a gota de sangue no canto do céu
Naquele canto caolho do céu

DE A IMITAÇÃO DO SOL

ПОНОЋНО СУНЦЕ

Из големог црног јајета
Излегло нам се неко сунце

Сијало нам је на ребрима
Отворило је небо широм
У грудима нашим сиротим

Заходило није уопште
Али ни исходило није

Позлатило је у нама све
Озеленило није ништа
Око нас око тога злата

У надгробни нам се камен
На живом срцу претворило

O SOL DA MEIA-NOITE

Do ovo negro gigante
Brotou um sol qualquer

Reluziu-nos nas costelas
Escancarou o céu
Em nosso peito órfão

Não se pôs
Tampouco despontou

Tudo em nós aurificou
Nada esverdeou
Em torno de nós
Em torno do ouro

No coração vivo
Tornou-se nossa lápide

DE A TÍLIA NO MEIO DO CORAÇÃO

ЗМАЈ У УТРОБИ

Змај огњени у утроби
У змају црвена пећина
У пећини бело јагње
У јагњету старо небо

Хранили смо змаја земљом
Хтели да га припитомимо
И украдемо старо небо

Остали смо без земље
Нисмо више знали куда ћемо
Узјахали смо змају на реп

Змај нас бесно погледао
Уплашили смо се сопственог лика
У змајевим очима

Скочили смо змају у чељусти
Чучнули иза његових зуба
И чекали да нас огањ спасе

DRAGÃO NO VENTRE

Dragão de fogo no ventre
Dentro do dragão caverna rubra
Dentro da caverna cordeiro branco
Dentro do cordeiro céu antigo

Alimentamos o dragão com terra
Quisemos domá-lo
E roubar o céu antigo

Ficamos sem terra
Não sabíamos mais aonde ir
Montamos na cauda do dragão

O dragão fitou-nos furioso
Revimos assustados nossas faces
Nos olhos do dragão

Saltamos na goela do dragão
Agachamo-nos atrás de seus dentes
E esperamos que o fogo nos salvasse

DE ANEL CELESTE

МАЈСТОР СЕНКИ

Ходаш читаву вечност
По своме личном бескрају
Од главе до пете и натраг

Обасјаваш сам себе
У глави ти је зенит
У пети смирај сјаја

Пред смирај пушташ своје сенке
Да се издуже да се удаље
Да стварају чуда и покор
И себи да се клањају

У span зениту сводиш сенке
На њихову праву меру
Учиш их теби да се поклоне
И у поклону нестану

Ходаш овуда и дан-данас
Али се од сенки не видиш

O MESTRE DAS SOMBRAS

Caminhas um todo-eternidade
Por tua própria infinitude
Da cabeça aos pés e de volta

Iluminas a ti mesmo
Na cabeça o zênite
Nos pés o poente da luz

Diante do poente lanças tuas sombras
Para que se alonguem se afastem
Para que gerem milagres e opróbrio
E para que se façam reverências

No zênite reduzes as sombras
À sua verdadeira medida
Ensinas que te reverenciem
E reverentes desapareçam

Caminhas ainda agora por aqui
Invisível efeito de sombras

ЗВЕЗДАНИ ПУЖ

Измилео си после кише
После звездане кише

Звезде ти од својих костију
Саме кућицу саградиле
Куда је на пешкиру носиш

За тобом иде хромо време
Да те стигне да те прегази
Пусти пужу рогове

Милиш по голему образу
Који никад нећеш сагледати
Право у раље ништарији

Скрени на црту живота
На моме сањаном длану
Док не буде прекасно

И остави ми у наследство
Од сребра пешкир чудотворни

CARACOL ESTRELADO

Deslizaste depois da chuva
Depois da chuva de prata

As estrelas com seus ossos
Sós construíram-te uma casa
Aonde a levas sobre uma toalha

O tempo capenga te persegue
Para alcançar-te para esmagar-te
Estende os chifres caracol

Te arrastas por uma face gigante
Que jamais hás de fitar
Direto para a boca do nada

Retorna à linha da vida
À minha palma de mão sonhada
Enquanto não é tarde demais

E deixa-me como herança
A toalha mágica de prata

ЧСПРАВНА ЗЕМЉА

A TERRA ERETA

DE PEREGRINAÇÕES

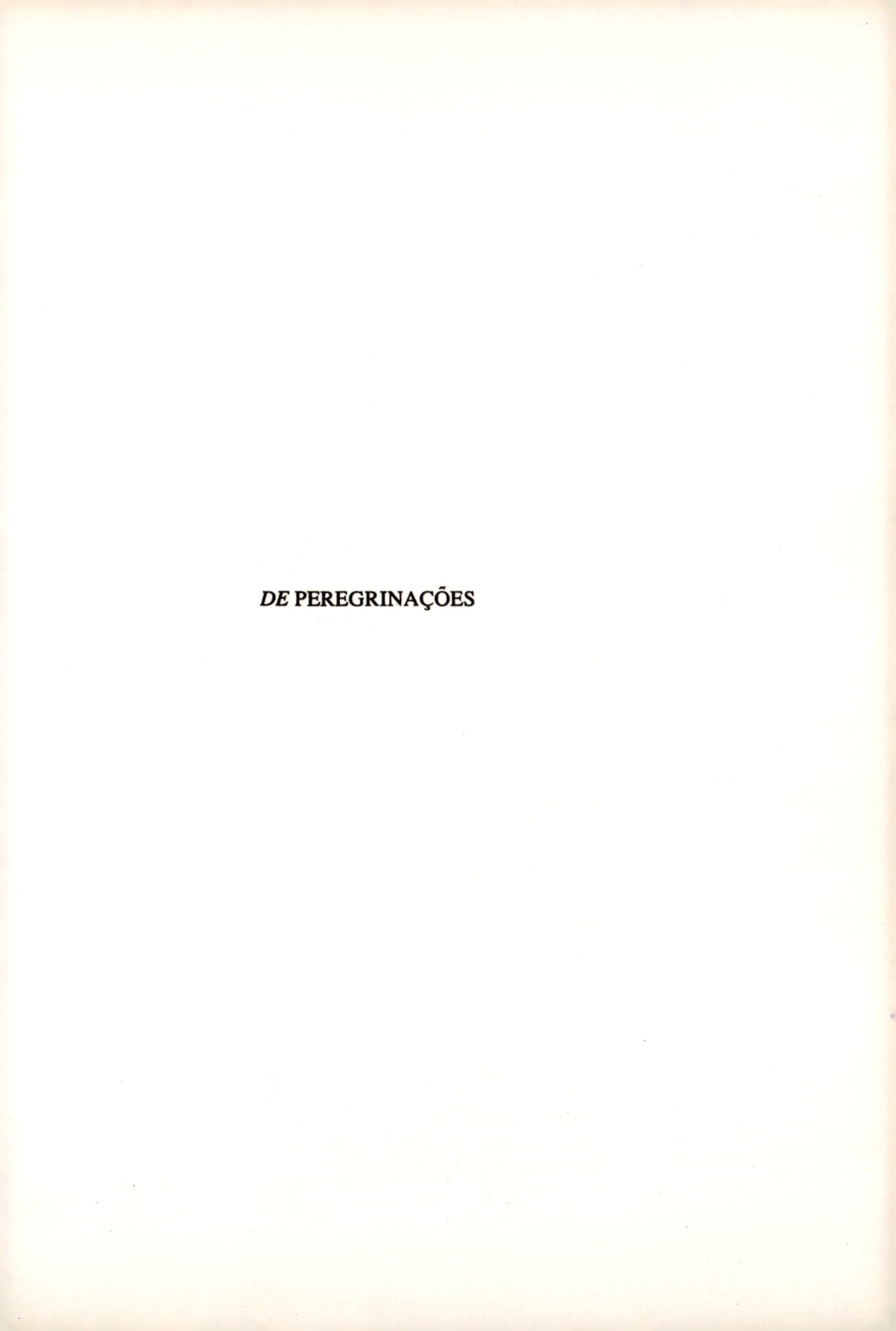

ХОДОЧАШЋА

Ходам са очевим штапом у руци
Са упаљеним срцем на штапу

Стопала ми сричу слова
Која ми свети пут исписује

Цртам их штапом по песку
Пред спавање
На сваком коначишту

Да ми се из сећања не избришу

Далеко сам још од тога
Да их одгонетнем
За сада ми на вучје сазвежђе личе

Имаћу чиме да испуним ноћи
Ако се жив и здрав кући вратим

PEREGRINAÇÕES

Caminho
O cajado paterno nas mãos
O coração incendiado no cajado

Meus pés escrevem letras
Que o caminho sagrado me desenha

Escrevo-as na areia com o cajado
Antes de adormecer
Em cada albergue

Para que não se apaguem da lembrança

Estou longe ainda
De decifrá-las
Até agora parecem constelação lupina

Terei com que preencher a noite
Caso volte são e salvo para casa

ХИЛАНДАР

Црна мајко Тројеручице

Пружи ми један длан
Да се у чаробном мору окупам
Пружи ми други длан
Да се слатког наједем камења

И трећи длан ми пружи
Да у гнезду стихова преноћим

Приспео сам с пута
Прашњав и гладан
И жељан другачијег света

Пружи ми три мале нежности
Док ми не падне хиљаду магли на очи
И главу не изгубим

И док теби све три руке не одсеку
Црна мајко Тројеручице

KHÍLANDAR

Negra mãe Trímana

Estende-me uma palma na mão
Para que me banhe no oceano mágico
Estende-me outra palma da mão
Para que me farte da doçura das pedras

E estende-me a terceira palma
Para que pernoite no ninho dos versos

Egresso do caminho
Poeirento e faminto
E ávido de outro mundo

Estende-me três pequenas ternuras
Antes que mil névoas caiam sobre os meus olhos
E minha cabeça role

Antes que te cortem as três mãos
Negra mãe Trímana

DE A FONTE DE SAVA

СВЕТИ САВА

Око његове главе лете пчеле
И граде му живи златокруг

У риђој му бради
Засутој липовим цветом
Громови с муњама играју жмурке

О врату му вериге висе
И трзају се у гвозденом сну

На рамену петао му пламти
У руци штап премудри пева
Песму укрштених путева

Лево од њега тече време
Десно од њега тече време

Он корача по сувом
У пратњи својих вукова

SÃO SAVA

Em torno de sua cabeça voam abelhas
E constróem uma auréola viva

Em sua barba ruiva
Forrada de flores de tília
Trovões e relâmpagos brincam de cabra-cega

Em seu pescoço pendem correntes
E balançam no sonho de ferro

Em seu ombro um galo reluz
Nas mãos um cajado sábio canta
A canção dos caminhos cruzados

À sua esquerda corre o tempo
À sua direita corre o tempo

Ele caminha pela estiagem
Seguindo os seus lobos

ПУТОВАЊЕ СВЕТОГА САВЕ

Путује по мрачној земљи

Штапом пред собом
Мрак на четверо сече

Хитне дебеле рукавице
Претворене у мачкетине
На сиву војску мишева

Одвеже вериге сред олује
И земљу од старе храстовине
За стајаће звезде везује

Пере шапе својим вуковима
Да трагови мрачне земље
На њима не преживе

Путује без пута
И пут се за њим рађа

A VIAGEM DE SÃO SAVA

Viaja pela terra escura

O cajado diante de si
Parte em quatro a escuridão

Atiça as luvas grossas
Transformadas em gatos enormes
Contra o exército cinza de camundongos

Desata as correntes em meio às tempestades
E amarra às estrelas fixas
A terra do carvalho-ancião

Lava as patas de seus lobos
Para que os rastros da terra escura
Nelas não perdurem

Viaja sem caminho
E atrás dele vai nascendo o caminho

DE O CAMPO DOS MELROS

КОСОВО ПОЉЕ

Поље као свако
Длан и по зеленила

Млад месец коси
Пшеницу селицу
Два укрштена сунчева зрака
Слажу је у крстине

Кос наглас чита
Тајна слова расута по пољу

Божури стасали до неба
Служе четири црна ветра
Сједињеном крвљу бојовника

Поље као ниједно
Над њим небо
Под њим небо

O CAMPO DOS MELROS

Um campo como todos
Verdeceu palmo e meio

Uma luz nova ceifa
Espigas migrantes
Dois raios cruzados de sol
Dispõem-nas em cruzes

O melro lê em voz alta
Palavras secretas esparsas no campo

Peônias amadurecem até o céu
Quatro ventos negros servem
O sangue unificado dos guerreiros

Um campo como nenhum
O céu por baixo dele
O céu por cima dele

КОСОВА ПЕСМА

Ја кос
Црноризац међу птицама
Склапам и расклапам крила

Чинодејствујем насред свога поља

Претварам у кљуну
Кап росе и зрно земље у песму

Ти боју сутра буди леп
Што ће рећи праведан

Ти зелена царице траво
Ти једина победи

Ти победо усрећи царичине слуге
Који је црвеним млеком хране

Усрећи и њене слушкиње звезде
Које је у живо сребро облаче

Певам
И палим једно перо из левога крила
Да ми песма буде примљена

O CANTO DO MELRO

Eu melro
Negrivestido entre os pássaros
Abro e fecho minhas asas

Ator no meio do meu campo
Transformo no bico em canção
A gota de orvalho e o grão de terra

Tu batalha sê bela
Vale dizer justa

Tu verde Regina relva
Tu vencedora única

Tu vitória alegra os fâmulos da rainha
Que a alimentam com leite rubro

Alegra também as servas-estrelas
Que a vestem de prata viva

Canto
E acendo uma pena da asa esquerda:
Que minha canção seja aceita

БОЈ НА КОСОВУ ПОЉУ

Јашемо певајући пољем
У сусрет оклопљеним змајевима

Наш прелепи вучји пастир
С процветалим штапом у руци
На белцу небом лети

Побеснело жедно оружје
Само се насред поља ујeда

Из смртно рањенога гвожђа
Река наше крви извире
Tече увис и увире у сунце

Поље се под нама усправља

Сустижемо небеског коњаника
И своје звезде веренице
И летимо заједно кроз плавет

Одоздо нас прати
Опроштајна песма коса

BATALHA NO CAMPO DOS MELROS

Cavalgamos cantando pelo campo
Ao encontro de dragões em armaduras

Nosso belo pastor de lobos
O cajado florescente nas mãos
Voa para o céu num cavalo branco

A sedenta arma enfurecida
Morde-se a si própria em meio ao campo

Do ferro mortalmente ferido
Escorre o rio de nosso sangue
Corre para cima e sol adentro

O campo se ergue debaixo de nós

Alcançamos o cavaleiro celeste
E suas estrelas-esposas
E voamos juntos pelo firmamento

Lá de baixo nos acompanha
A canção de despedida do melro

БОЈОВНИЦИ СА КОСОВА ПОЉА

Овде где смо
Загосподарили смо плавим пољима
И рудогорјима без подножја
И венчали се
Сваки са својом звездом имењакињом

Овде у царству које смо стекли
Скрштених руку на грудима
Настављамо бој

Настављамо га унатраг

Још нисмо децо стигли
И бог зна хоћемо ли икада стићи
До почетка боја

Одавде чујемо
Негде високо над нама
Зелену песму коса

OS GUERREIROS DO CAMPO DOS MELROS

Aqui onde estamos
Conquistamos os campos azuis
E as montanhas de minério sem sopé
E nos casamos
Cada qual com sua estrela-guia

Aqui no império que construímos
Mãos cruzadas sobre o peito
Continuamos a batalha

Nós a continuamos para trás

Crianças
Vejam que ainda não chegamos
E sabe lá deus se um dia chegaremos
Ao começo da batalha

De onde estamos ouvimos
Alto em algum lugar sobre nós
A canção verde no melro

КОСОВО ПОСЛАНСТВО

Кос крила орошена крвљу суши
На ватри црвених божура

Пред њим се шири поље
Исписано врелим људским гвожђем
Претопљеним у честито злато

Трава царује међу словима
И њихове редове
По својој вољи престројава

Кос отима своје поље
Из руку четири црна ветра
И савија га од поднева до поноћи

У поноћ небо прелеће
И односи у кљуну некуд он зна куда
Свој зелени свитак

(1958—1971)

A MISSÃO DO MELRO

O melro seca as asas orvalhadas de sangue
Na fogueira das pêonias rubras

Diante dele se estende o campo
Marchetado de fervente ferro humano
Vazado em honroso ouro

O gramado impera entre as letras
E a seu arbítrio
Reescreve as linhas

O melro arranca o seu campo
Das mãos de quatro ventos negros
E enrola-o do meio-dia à meia-noite

À meia-noite cruza o céu
E leva em seu bico para onde só ele sabe
O verde novelo

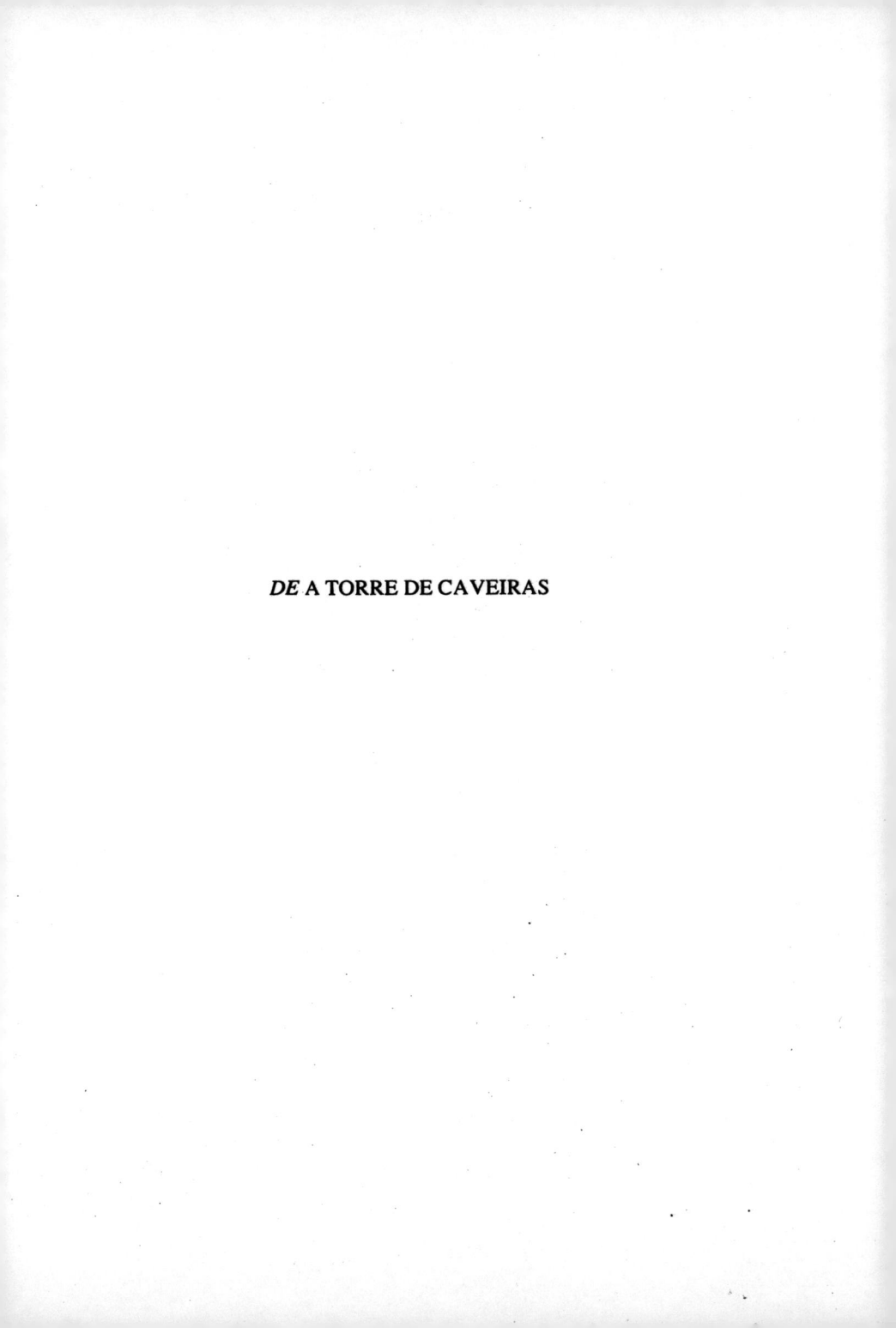

DE A TORRE DE CAVEIRAS

ЋЕЛЕ-КУЛА

Кула смрти

На чеоним костима се пресијава
Страховито памћење

Из очних дупљи
Гледа до на крај света
Црна видовитост

Између крезубих вилица
Заглавила се
Голема последња псовка

Око смрти зазидане у кули
Лобање у месту играју
Завршно звездано коло

Кула смрти
У њој господарица уплашена
Од себе саме

A TORRE DE CAVEIRAS

Torre da morte

Nos ossos frontais tremeluz
Uma terrível lembrança

Das órbitas ocas
Fita até o fim do mundo
Um preságio negro

Entre maxilares roídos
Cravou-se extrema
E enorme maldição

Em torno da morte
Emparedados na torre
Crânios dançam
A última dança estrelada

Torre da morte
A castelã assusta-se
De si mesma

DE RETORNO A BELGRADO

ПОВРАТАК У БЕОГРАД

Довде до овог воденог крста
Три су ме вучје стопе довеле

Умио сам лице у рајској реци
Обрисао га о скуте сунцородице
Надвијене над торњевима

Засадио сам очев штап
У глину на обали
Да међу врбама пролиста

Кренуо сам ка великој капији
Отвореној нада мном у зениту

Нисам знао спушта ли се бели град
Из облака у мене
Или ми из утробе у небо расте

Вратио сам се с пута
Да сазрело камење из завежљаја
Овде на тргу разделим

RETORNO A BELGRADO

Aqui até esta cruz de água
Três patas de lobo me conduziram

Lavei o rosto no rio divino
Enxuguei-o nas vestes dos girassóis
Enroladas às torres

Plantei o cajado do pai
Na argila das margens
Para que floresça entre salgueiros

Parti rumo à grande porta
Aberta sobre mim no firmamento

Não sabia se a cidade branca descia
Das nuvens para dentro de mim
Ou se crescia do meu ventre para o céu

Retornei da jornada
Para dividir aqui na praça
As pedras maduras da mochila

БЕОГРАД

Бела си кост међу облацима

Ничеш из своје ломаче
Из преоране хумке
Из развејаног праха

Ничеш из свога нестанка

Сунце те чува
У златном своме ћивоту
Високо над лавежом векова

И носи те на венчање
Четврте рајске реке
Са тридесетшестом реком земаљском

Бела си кост међу облацима
Кост костију наших

(1965—1971)

BELGRADO

Osso branco entre nuvens

Brotas de tua fogueira
Do túmulo rearado
Da poeira dispersa

Brotas de teu sumidouro

O sol te guarda
No alto em sua arca
Áurea acima do ladrar dos séculos

E leva-te aos esponsais
Do quarto rio do Paraíso
Com o trigésimo-sexto rio terrestre

Osso branco entre nuvens
Osso de nossos ossos

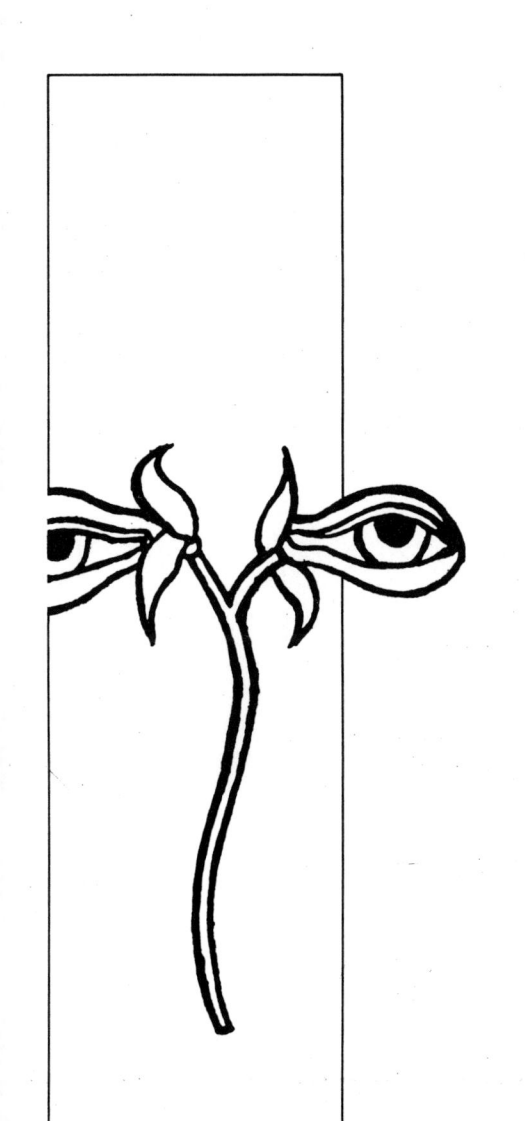

ЖИВО МЕСО
―――――――――
CARNE VIVA

У СЕЛУ ПРАОЧЕВА

Неко ме грли
Неко ме гледа вучјим очима
Неко скида шешир
Да га боље видим

Свако ме пита
Знаш ли ко сам ти ја

Непознати старци и старице
Присвајају имена
Младића и девојака из мог сећања

Питам и ја једног од њих
Живи ли богати још
Георгије Курја

То сам ја одговара он
Гласом са онога света

Помилујем му дланом образ
И молим га очима да ми каже
Живим ли још ја

NA ALDEIA DOS ANCESTRAIS

Alguém me abraça
Alguém me fita com olhos de lobo
Alguém tira o chapéu
Para que eu o veja melhor

Todos me perguntam
Você sabe quem eu sou

Velhotes e velhotas desconhecidos
Apoderam-se dos nomes
De rapazes e garotas de minha lembrança

Pergunto a um deles
Se ainda está vivo o rico
Gueórguie Kúria

Eu sou ele responde-me
Com voz do outro mundo

Acaricio-lhe a face
E com os olhos peço que me diga
Se eu estou vivo ainda

ДО ВИЂЕЊА

После трећег вечерњег круга
У дворишту сабирног логора
Разилазимо се по собама

Знамо да ће пред зору
Неког од нас одвести на стрељање

Осмехујемо се заверенички
И шапућемо једни другима
До виђења

Не помињемо где и кад

Напустили смо старе навике
Разумемо се врло добро

ATÉ LOGO

Depois da terceira ronda noturna
No pátio do campo de concentração
Nos dispersamos pelas celas

Sabemos que de madrugada
Um de nós será fuzilado

Sorrimos com conjura
E sussurramos um ao outro
Até logo

Não dizemos onde e quando

Abandonamos velhos hábitos
Nos entendemos muito bem

ЧАС ИЗ ПЕСНИШТВА

Седимо на белој клупи
Испод Ленауовог попрсја

Љубимо се
И онако узгред говоримо
О стиховима

Говоримо о стиховима
И онако се узгред љубимо

Песник гледа некуд кроз нас
Кроз белу клупу
Кроз шљунак на стази

И тако лепо ћути
Лепим бакарним уснама

У Градској башти у Вршцу
Ја полако учим
Шта је у песми главна ствар

AULA DE POESIA

Sentamos no banco alvo
Sob o busto de Lenau

Nos beijamos
E de passagem falamos
Sobre versos

Falamos sobre versos
E de passagem nos beijamos

O poeta vê algo através de nós
No banco alvo
No pedregulho do caminho

E silencia
Com seus belos lábios de bronze

No Parque da cidade de Vrchatz
Aprendo lentamente
O cerne da poesia

КЎhА НАСРЕД ДРЎМА

A CASA NO
MEIO DO CAMINHO

DE OS OLHOS DE SÚTIESKA

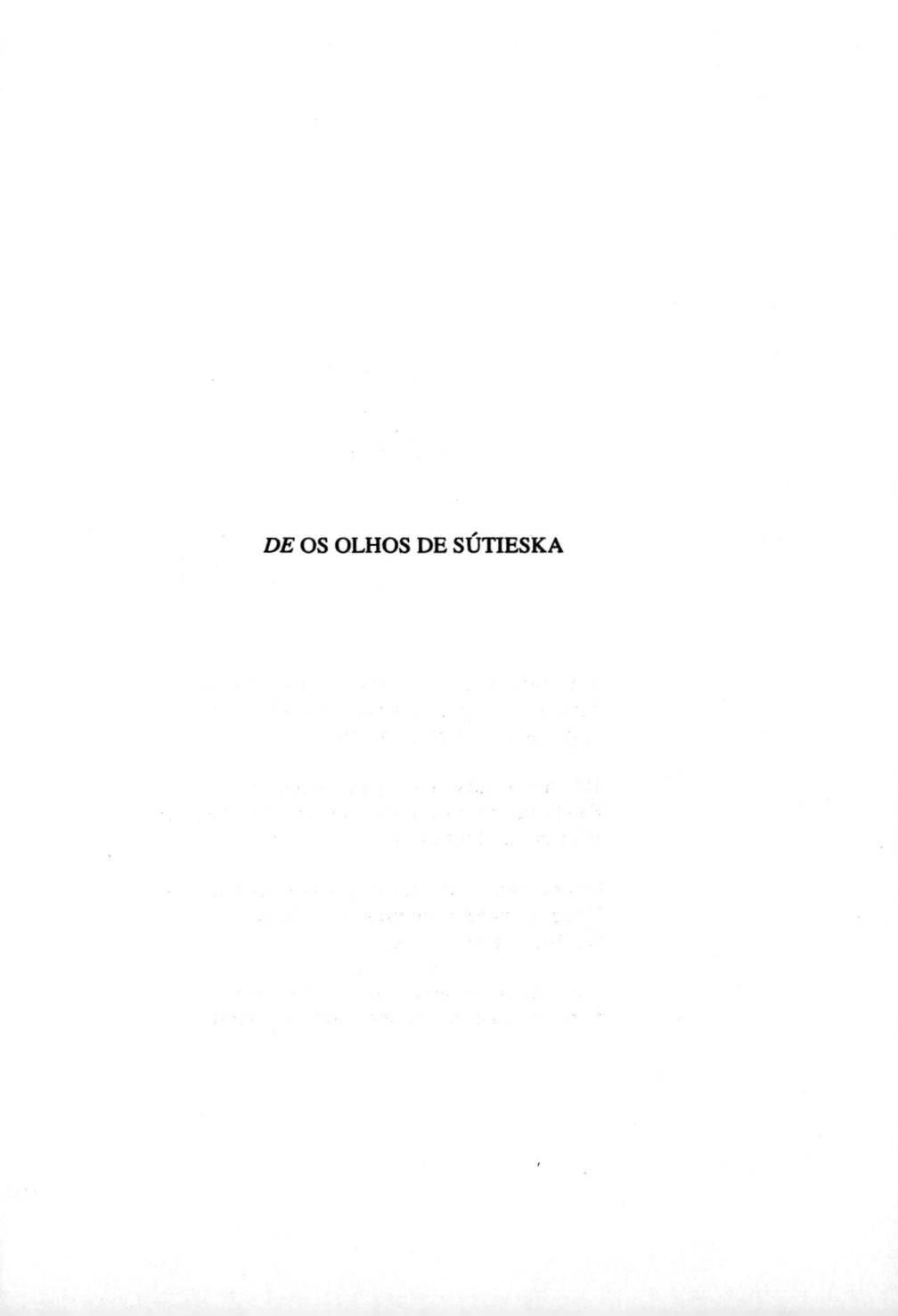

Из меса нам се живог рађа земља
Груда за грудом камен за каменом
Извесност за извесношћу

Из даха нам се лудог небо рађа
Ведрина за ведрином звезда за звездом
Видик за видиком

Снага нам у планине у сазвежђа расте
Глад у воћке нежност у цвеће
Слобода у недоглед

Све више и више постајемо све
Ништа нам не може ништа отети

De nossa carne viva nasce a terra
Torrão a torrão pedra a pedra
Certeza a certeza

De nosso doido sopro nasce o céu
Claridade a claridade estrela a estrela
Horizonte a horizonte

Nossa força cresce em montanhas e constelações
A fome em frutos a ternura em flores
A liberdade no sem-limites

Cada vez mais nos tornamos tudo
Nada pode nos tirar nada

Сутјеска кроз наше кости грми
Тече између црвеног цвећа
У нашем јој је срцу ушће
У нашем срцу извор

Сутјеска се у сунчеву птицу претвара
Са црном псином у кљуну

1955.

Sútieska troveja em nossos ossos
Corre entre flores vermelhas
Em nosso coração sua foz
Em nosso coração sua fonte

Sútieska se transforma em pássaro-sol
Levando um cão negro no bico

DE CATAVENTO

ЦРВЕНА ФАНФАРА

*Адријану ван дер Стају
и Мартину Моју*

Свирају нафракани
Преодевени у смешне ношње
Измишљених времена

Непослушна наша деца без памћења
Без прародитељског греха
Без печата на језику

Свирају песме наших младих дедова
И још млађих бака
И На оружје грађани
Устајте ви земаљско робље

И играјте и певајте
И не плашите се више
Свирају на крају

Око њих падају
Бастиље од папира
И кидају се новоисковани
Невидљиви ланци

Ротердам, 1974

FANFARRA VERMELHA

Para Adriaan van der Staaj
e Martin Mooj

Tocam música maquiados
Metidos em roupas bufas
De tempos imaginários

Indóceis crianças sem memória
Sem pecado ancestral
Sem selo na língua

Tocam as canções de nossos jovens avoengos
E das avós-juventude
E cidadãos em armas
Erguei-vos escravos da terra

E cantai e dançai
Sem mais medo
Tocai afinal tocai

Baştilhas de papel
Desabam em torno deles
E correntes invisíveis
Recém-forjadas rebentam

Rotterdam, 1974

$$\frac{P \quad E \quad 3}{C \quad O \quad R \quad T \quad E}$$

ТАЈНА ПОШТА

Прича ми песник Октавио Паз

Мали поштари с лицем од печене глине
Одиграли су велику улогу
У револуцији безе́мљаша

Одужили се и они застави
Босоногог генерала Запате

Ја их пратим на њиховом путу
Од једног песниковог астечког ока
До другог

Разносе од села до села
Писма пуна земље и слободе
И пернатих змија и црвених јагуара

До данас касно у ноћ
Довде у Куернаваки

CORREIO SECRETO

Conta-me o poeta Octavio Paz

Os pequenos mensageiros de rosto de argila cozida
Desempenharam grande papel
Na revolução dos sem-terra

Eles também serviram à bandeira
de Zapata general-descalço

Eu os sigo em seu trajeto
De um dos olhos de asteca do poeta
Até o outro

Distribuem de aldeia em aldeia
Cartas forradas de terra e liberdade
E serpentes emplumadas e jaguares rubros

Até hoje tarde da noite
Até aqui em Cuernavaca

ЧАНАК ХРАНЉИВОГ СНЕГА

Борци армије сиромашних
Свукли су униформе
Везали ногавице и рукаве
И створили џакове

На леђима су носили
Семе за усеве
У ратно село Наниван

Од жедне долине
Створили су пиринчано море
Од Севера створили Југ

И вечерас овде над чанком
Пуним хранљивог снега
Круже њихова сећања

Живели смо у пећинама
На небу у Ванивану

Јенан, 1980.

A TIGELA DE NEVE NUTRIZ

Os guerreiros do exército-dos-pobres
Despiram os uniformes
Amarraram pernas e mangas
E fizeram fardos

Levaram nas costas
Sementes para a lavoura
Na aldeia combativa de Nanivan

Do vale sedento
Fizeram um arrozal-oceano
Do norte fizeram o sul

E aqui sobre a tigela
Repleta de neve nutriz
Suas lembranças circulam
Hoje à noite

Vivíamos em cavernas
No céu em Nanivan

СНОВНО ВАСПИТАЊЕ

Скачем с крова на кров
И огромном мрежом за лептире
Ловим технократе бирократе
Гносеократе

Најлепше примерке стављам
У стакленке са алкохолом
И на цедуљама им исписујем
Учена имена

Показујем их ђацима на часу

Заједно са диносаурима
Гигантосаурима тираносаурима
Који послушно силазе
Са зидова учионице

И ти сладиш мој сан
Видим смеје ти се лево уво

Изазива ме једна мирна бубица
Мој познаник наставник природописа

EDUCAÇÃO PELO SONHO

Salto de telhado em telhado
E com enorme rede de borboletas
Caço tecnocratas burocratas
Gnoseocratas

Coloco os mais belos exemplares
Em pequenos vidros com álcool
E escrevo nos rótulos
Cada nome pesquisado

Mostro-os aos alunos em classe

Junto com dinossauros
Gigantossauros tiranossauros
Que descem obedientes
Das paredes da sala de aula

E tu adoças o meu sonho
Vejo que a orelha esquerda te sorri

Provoca-me um quieto inseto
Meu conhecido professor de biologia

КРИТИКА ПЕСНИШТВА

После читања стихова
На песничкој вечери у фабрици
Почиње разговор

Један риђ слушалац
Лица исписаног сунчаним пегама
Диже два прста

Другови песници

Када бих вам ја устиховао
Сав свој живот
Хартија би одмах поцрвенела

А затим се запалила

CRÍTICA DA POESIA

Depois da leitura de poemas
No serão literário da fábrica
Começa o diálogo

Um ouvinte ruivo
De face marcada por manchas solares
Ergue dois dedos

Camaradas poetas

Se eu lhes versificasse
Toda a minha vida
O papel ficaria rubro

E pegaria fogo

САМОУПРАВЉАЧИ

Некадашњи партизан наш вршњак
Укршта прсте обеју руку
И тако нам дочарава препреке
Против тенкова на друму

У рату смо удружени
Делили вишак смрти

Зашто да у миру
Опет удружени не производимо
Вишак живота

Сами без рачуновођа

AUTOGESTORES

O *partizan* de outrora nosso contemporâneo
Cruza os dedos das mãos
E assim por encanto entrava
O caminho dos tanques na estrada

Associados na guerra
Dividíamos o lucro da morte

Por que na paz
Associados de novo não produzimos
O lucro da vida

Sozinhos sem guarda-livros

ЧИТАЊЕ ИЗ ДЛАНОВА

Раднички делегат седи крај мене
На бескрајном састанку

Глуви као и ја као и сви
Од шуштања хартија
И хартијастих реченица

Излази на говорницу
Загледа се у црте живота
На голим длановима
И креће

У фабрици за машином
По цео дан мислим
И ја рукама

То не значи да остављам
Главу у свлачионици

Дакле

LEITURA MÃO ADENTRO

O delegado de fábrica senta-se a meu lado
Na reunião sem fim

Surdo como eu como todos
Ao sussurrar das folhas de papel
E das sentenças-papel

Dirige-se à tribuna
Fita as linhas da vida
Nas mãos nuas
E começa

O dia todo na fábrica
Eu também penso
Com as mãos diante da máquina

Nem por isso deixo
A cabeça no vestiário

Portanto

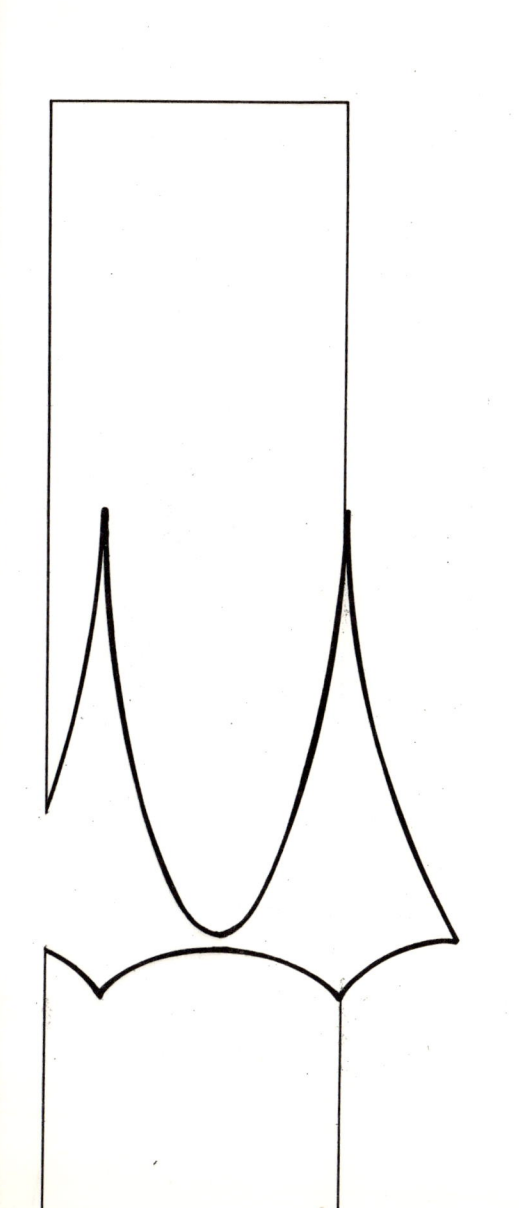

ПЕСНИК ПЕСНИКУ
―――――――――――
POETA A POETA

Vai aqui reproduzido: o poema *monumento ao oxigênio*, escrito por Vasko Popa, em abril de 1987, ao sobrevoar Brasília pela primeira vez; a respectiva transcrição, realizada por Haroldo de Campos; a resposta do poeta brasileiro a Popa, com a tradução para o servo-croata.

SPOMENIK KISEONIKU

Rujni neki vetar me naneo
U ovu širokogrudnu zemlju
Iz čijeg srca je izraslo
Zelenooko drvo života

Diše i tako napaja
Jednu malokrvnu zvezdu

Prestrašili me spomenici
                          lutkanima
Opremljenim hladnim i vatrenim
I drugim nevidljivim oružjem

Nigde me nije obradovao
Spomenik Kiseoniku

Naoružanom lišćem
I cvećem i plodovima
I drugim zrelim istinama

Brasília, abril de 1987

monumento ao oxigênio

um vinho rubro-terra me destina
a este país-braços-abertos
do coração do qual frondeja
a árvore da vida de olhos verdes

respira e assim anima
— exânime — uma estrela

me aterrorizam monumentos
grandes fantoches sobreerguidos
com frio e fogo e outras — invisíveis — armas

em parte alguma jubilou-me
um monumento ao oxigênio

todo armado de folhas
de flores e de frutos
e de outras verdades maduras

Transcriação de Haroldo de Campos, com a colaboração do Autor.

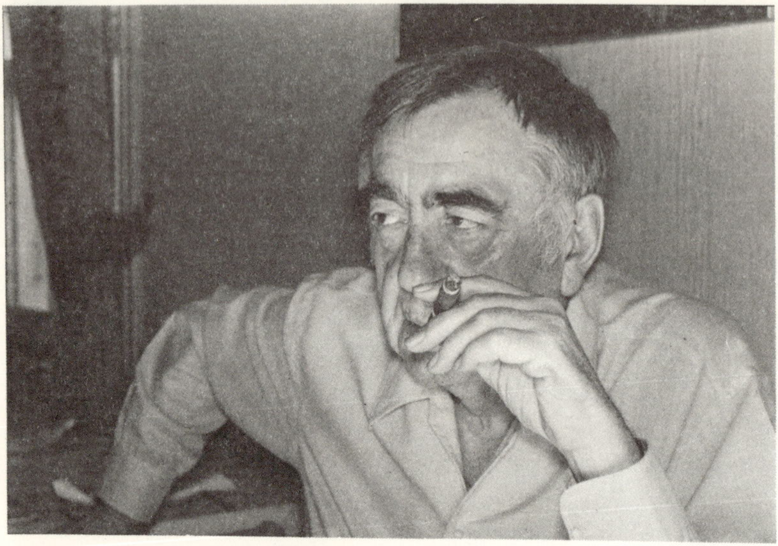

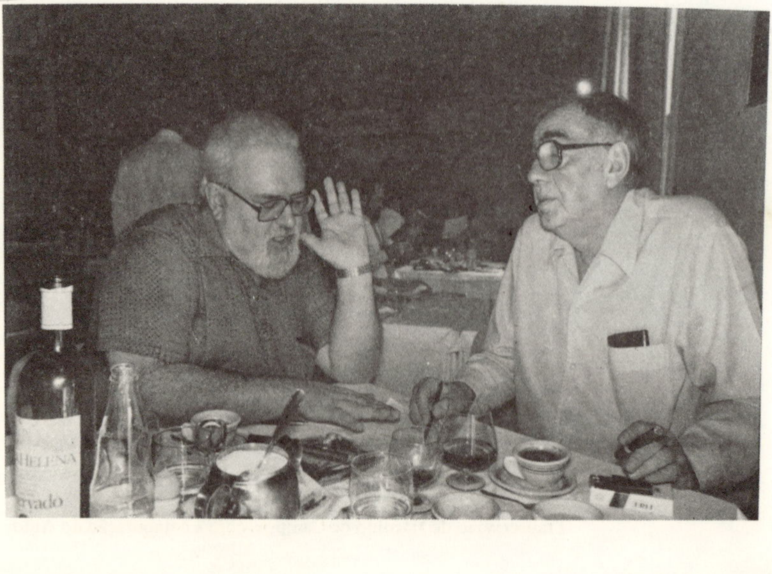
HELENA

Almoço de Vasko Popa e Haroldo de Campos, acompanhado por Nelson Ascher, em 16 de abril de 1987, em São Paulo. Na oportunidade, Haroldo de Campos realizou a transcriação do poema "Monumento ao Oxigênio", com a colaboração do autor.

zdravica (malarmeovska) vasku popi

Haroldo de Campos

spomenik vazduhu —
                      brazilskom —
za sjajno oko vaska
pope
            mog prijatelja na staklenom
pramcu sna koji leti.

izmedju neotpornog mermera i pokretnog
kiseonika
            više voleti ovaj poslednji
koji ukorenjuje u venama — najprisnijem
čovekovom skrovištu : njegov damar.

u knjizi čitati spoljašnost-knjigu
čitati i neimarstvu slobodan prostor
pogled ovaj naš uči.

poetarijat : pod znamenjem pesništva
kruži prevratnički jedan korak
i u tvoje ime vasko ja pozdravljam
karbonare živog ovog stiha.

    Tradução de Aleksandar Jovanović, com a colaboração de Vasko Popa, publicada no jornal diário iugoslavo *Politika*, em 1987, juntamente com reportagem sobre a visita de Vasko Popa ao Brasil.

brinde (mallarmeano) a vasko popa

Haroldo de Campos

um monumento ao ar —
                brasília —
para o olhar flamante de vasko
popa
    meu amigo à proa
de vidro do sonho que voa.

entre o mármore passivo e o oxigênio
móvel
      preferir este último
que enraíza nas veias — o mais íntimo
reduto do homem : o seu pulso.

no livro ler além do livro
ler na arquitetura o espaço livre —
leciona esse olhar.

poetariado: à senha da poesia
circula um verso subversivo
e em teu nome vasko eu saúdo
os carbonários desse verso vivo.

São Paulo, 16 de abril de 1987.

SPOMENIK KISEONIKU

CRVENI NEKI VETAR ME NANEO
U OVU ŠIROKOGRUDU ZEMLJU
IZ ČIJEG SRCA JE IZRASLO
ZELENOOKO DRVO ŽIVOTA

~~ORU...~~ (LARGO RUIDO)

DIŠE I TAKO HRANI
JEDNU MALOKRVNU ZVEZDU

PRE~~KR~~STRAŠILI ME SPOMENICI LUTKANJA
OPREMLJENIM HLADNIM I VATRENIM
I DRUGIM NEVIDLJIVIM ORUŽJEM

NIGDE ME NIJE OBRADOVAO
SPOMENIK KISEONIKU
NAORUŽAN LIŠĆEM
I CVEĆEM I PLODOVIMA
I DRUGIM ZRELIM ISTINAMA

BRAZILIA, 87

VERIFICADO POR AUTOR

MONUMENTO AO OXIGÊNIO

UM VINHO RUBRO-TERRA ME DISPÕE
A ESTE PAÍS — BRAÇOS ABERTOS
DO CORAÇÃO DO QUAL FRONDEJA
~~DE OLHOS VERDES A ÁRVORE DA VIDA~~
A ÁRVORE DA VIDA DE OLHOS VERDES
RESPIRA E ASSIM ANIMA
— EXÂNIME — UMA ESTRELA
~~UMA ESTRELA~~ EXANGUE

ME ATERRORISAM ALTONUMENTOS
GRANDES PATIFARIAS SOBREERGUIDOS
COM FRIO E FOGO E OUTRAS ~~NAZIHH~~ INDÍVEIS
— INVISÍVEIS — ARMAS
EM PARTE ALGUMA
LUGAR ALGUM ME JUBILOU-ME
~~COM ALTONUMENTOS~~
UM MONUMENTO AO OXIGÊNIO
~~ARMADO~~ TODO ARMADO DE FOLHAS
DE FLORES E FRUTOS

COLEÇÃO SIGNOS / dirigida por Haroldo de Campos

1. PANAROMA DO FINNEGANS WAKE – Augusto e Haroldo de Campos.
2. MALLARMÉ – Augusto de Campos, Décio Pignatari, Haroldo de Campos.
3. PROSA DO OBSERVATÓRIO – Julio Cortázar (Tradução de Davi Arrigucci Jr.).
4. XADREZ DE ESTRELAS – Haroldo de Campos.
5. KA – Velimir Khlébnikov (Tradução de Aurora Fornoni Bernardini).
6. VERSO, REVERSO, CONTROVERSO – Augusto de Campos.
7. SIGNANTIA: QUASI COELUM / SIGNÂNCIA: QUASE CÉU – Haroldo de Campos.
8. DOSTOIÉVSKI: PROSA POESIA – Boris Schnaiderman.
9. DEUS E O DIABO NO *FAUSTO* DE GOETHE – Haroldo de Campos.
10. MAIAKÓVSKI – POEMAS – Boris Schnaiderman, Augusto e Haroldo de Campos.
11. OSSO A OSSO – Vasko Popa (Tradução de Aleksandar Jovanović).

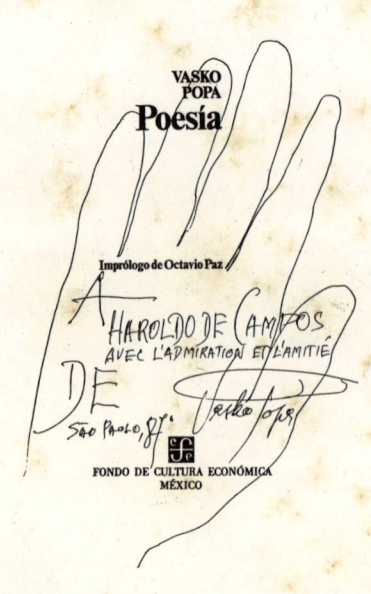

VASKO POPA
Poesía

Impólogo de Octavio Paz

FONDO DE CULTURA ECONÓMICA
MÉXICO